SACUDIDO

cuando Dios no tiene sentido

Un estudio sobre Habacuc

El proceso SABIOS ©

BRUCE B. MILLER

Entrust Source Publishers

Entrust Source Publishers, está comprometida en asociarse con las iglesias locales para proveerles recursos basados en la Biblia, que sean culturalmente relevantes y muy prácticos para ayudar a los individuos y grupos en las iglesias locales a madurar en Cristo.

Para obtener más información, visite: EntrustSourcePublishers.com 520-885-9278 en EEUU y 5527270154 en México.

ISBN-10: 1-942308-13-2

ISBN-13: 978-1-942308-13-3

Cubierta creada por Entrust Source LLC, Judy Buckert.

Traducciones Felipe Vazquez

Impreso en los Estados Unidos de América

A menos que se indique lo contrario, toda las Escrituras han sido citadas con permiso.

Abreviaturas de las diferentes traducciones:

NVI, *Nueva Versión Internacional*

RV60, *Reina Valera 1960*

Contenido

Reconocimientos

Una persona que nos visitaba por primera vez en la iglesia me preguntó si me habían avisado anticipadamente que él iba a venir y si yo sabía algo de él porque sintió que el mensaje había sido dirigido directamente a él. Por supuesto, nadie me avisó ni me dijeron nada sobre él. Dios estaba trabajando, en una forma en que sólo él lo puede hacer, tomando su Palabra con el poder del Espíritu y usándolo para cambiar los corazones. Semana tras semana, las personas me decían que la serie *Sacudido* sobre el libro de Habacuc les habló directamente y era justo lo que necesitaban oír.

Varias personas me animaron a convertir estos mensajes en un libro, y ahora aquí lo tiene usted. Una de esas personas fue Iva Morelli quien me animó a escribir y quien ha utilizado sus dones para editar este libro con sus habilidades.

Doy gracias a Dios por mis compañeros ancianos y pastores con quienes dirigimos la Iglesia Christ Fellowship para que la gente se convierta en personas que ayudan a la gente a encontrar y seguir a Cristo. Es una alegría servir a la gente de nuestra iglesia que respondió tan positivamente a los sermones en los que está basado este libro.

Mi preciosa esposa, Tamara, y yo tomamos una semana de descanso en la cabaña de nuestros amigos (Dean y Shelley Frew) en Red River, Nuevo México, quienes nos la prestaron amablemente. Allá, en las montañas y en oración, hice la primera recopilación de los manuscritos del libro que está leyendo. Doy gracias a Dios por Tamara quien ora por mí todos los días y está conmigo en las tormentas y en las bendiciones de la vida.

En nuestras vacaciones, hicimos una excursión a las montañas donde vimos numerosas huellas de pezuñas de ciervo en la nieve. Pase lo que pase, tomados del brazo, nos regocijamos por causa de Jehová. Él es nuestra fuerza quien nos permite, como el ciervo, transitar por los escarpados terrenos de la vida (Habacuc 3:19).

Introducción

El planeta tierra puede parecer maravilloso desde un satélite, pero para los que vivimos en esta polvorienta esfera, las cosas pueden parecer bastante sombrías. El aumento del terrorismo, las tensiones mundiales, el trauma económico, el aumento de la contaminación, la flagrante inmoralidad, la falta de honradez y la injusticia proyectan una sombra oscura sobre nosotros los terrícolas. El mundo se ve cada vez más como una siniestra bomba de tiempo con una mecha corta que está lista para explotar.

No es de extrañar que la gente comience a hacer preguntas. ¿Por qué hay tanto odio y hostilidad? ¿Por qué toda esta injusticia? ¿Por qué sufre la gente buena? ¿Por qué no hace algo Dios? ¿Por qué Dios no arregla este desastre? ¿Por qué las personas pueden violar abiertamente la ley de Dios y distorsionar la justicia en todos los niveles, sin temor a la intervención divina? ¿Por qué? ¿Por qué? ¿Por qué? Tal vez a usted le gustaría tener una conferencia con Dios a través de Skype y hacerle algunas preguntas muy directas sobre su plan para este mundo, porque desde una perspectiva humana, el plan actual no tiene sentido.

Estas penetrantes preguntas no son nuevas. Siglos antes de que Cristo viniera a este planeta, un antiguo profeta echó un vistazo a la violencia y la maldad y clamó a Dios: "¿Por qué me haces ver la iniquidad? ¿Por qué toleras las irregularidades? . . . ¿Por qué te quedas en silencio mientras los malvados destruyen a quienes son más justos que ellos mismos?" (Habacuc 1:3a, 13b, NVI). Habacuc estaba diciendo: "De acuerdo con lo que sé sobre ti, Dios, ¡esto no tiene sentido!"

A diferencia de otros profetas que proclamaron el mensaje de Dios a la gente, este profeta dialoga con Dios acerca de las personas. La mayoría de los profetas del Antiguo Testamento proclamaba el juicio divino, pero Habacuc suplicaba el juicio divino. Este pequeño libro registra una fascinante interacción entre un perplejo profeta y su Creador. Él no sólo preguntó sobre los misteriosos "por qués" que afectan a la humanidad, sino que también ¡recibió respuesta!

A medida que viajemos con Habacuc, también podremos pasar de la confusión a la confianza, de frustradas preguntas a declaraciones llenas de fe. Habacuc nos enseña a vivir por fe en un mundo de problemas. Cuando la vida nos sacude como una hoja en la tormenta, aprendemos a aferrarnos al Dios inalterable que controla la tormenta. Prepárese para tener un encuentro con el Dios que sobrepasa nuestros pensamientos más elevados.

¿Cómo beneficiarse de este libro?

Este libro tiene cuatro capítulos sobre Habacuc los cuales se pueden leer individualmente además de una guía de estudio que le permitirá obtener un mayor entendimiento sobre Habacuc.

Le animo a utilizar la Guía de estudio para que pueda madurar aún más con Cristo. La guía de estudio le llevará a leer cada capítulo mientras realiza su estudio.

La Biblia es el alimento para nuestras almas. Cuando nos acercamos a ella en oración, el Espíritu de Dios transforma nuestra mente y nos bendice con ideas divinas. Más que cualquier otra cosa que pudiera hacer, sumérjase en la Palabra de Dios la cual lo hará crecer espiritualmente a través de la obra del Espíritu Santo.

Cuando estamos a solas para comprometernos con Dios y para centrar nuestra atención en comprender su Palabra, Él nos habla. Pero eso no quiere decir que no podamos crecer mejor en comunidad. Ser parte de un grupo para discutir lo que usted está aprendiendo le ayudará a crecer aún más. Invite a un amigo a estudiar junto con usted. Únase a un grupo, o inicie uno propio, ¡y prepárense para lo que Dios les tiene reservado!

El proceso SABIOS ©

Como hijos de Dios que viven en un mundo hostil, tenemos que aprender a pensar como Cristo con sabiduría bíblica y espiritual para la vida.

Probado por miles de personas y cientos de grupos, el proceso de seis pasos SABIOS © ofrece una manera sorprendentemente sencilla y profundamente poderosa para pensar. Hoy en día nos estamos ahogando en información y morimos por encontrar sabiduría. Buscamos en Google para obtener información sobre cualquier tema, pero no podemos encontrar sabiduría para los complejos desafíos de la vida. Este sencillo proceso puede guiarlo a la sabiduría.

Usted encontrará que puede utilizar el proceso SABIOS © no sólo para este estudio de la Biblia, sino también para los problemas que enfrenta en la vida ordinaria.

Este proceso de pensamiento nos ayuda a pasar del conocimiento de los hechos a la transformación de nuestras vidas en el poder de Dios. La mayoría de los adultos aprenden de manera diferente a los niños. Tanto la investigación sobre el aprendizaje de adultos como los estudios sobre la educación antigua muestran que las personas aprenden mejor cuando tienen una razón para aprender: una pregunta a responder, un problema que resolver o un misterio a desentrañar. Todos tenemos alguno de estos en nuestras vidas.

Oración

El papel de la Oración

Accedemos a la dirección del Espíritu de Dios a través de la oración y la Palabra del Señor. Dios quiere que usemos nuestra mente para estudiar su Palabra y entender su revelación para tener dirección en la vida, la Biblia nos dice:

Si a alguno de ustedes le falta sabiduría, pídasela a Dios, y él se la dará, pues Dios da a todos generosamente sin menospreciar a nadie.

-Santiago 1:5, NVI

El estudio de la Biblia debe estar rodeado de oración. Pablo oró así por los Colosenses:

Por eso, desde el día en que lo supimos no hemos dejado de orar por ustedes. Pedimos que Dios les haga conocer plenamente su voluntad con toda sabiduría y comprensión espiritual

-Colosenses 1: 9

En respuesta a sus oraciones, el Espíritu afinará sus deseos y luego desarrollará la mente de Cristo. En lugar de ser la oración un paso específico en el proceso SABIOS © debe estar entrelazada en todo el proceso de su estudio, de principio a fin.

Usted se dará cuenta que al orar, el Espíritu de Dios le guiará a la verdad. Como grupo, si escuchan al Espíritu en oración, Él dirigirá su conversación hacia una profunda sabiduría, convicción y motivación espirituales para honrar a Dios con las decisiones de la vida diaria.

Siempre Define el Tema *¿Cuál es el verdadero tema?*

Prepare su corazón y mente antes de iniciar con la Palabra de Dios. Tómese un momento para orar sobre las preguntas que tiene de la vida y sobre los problemas que surjan al estudiar la Escritura. Considere cómo quiere impactarlo el Señor en este momento. Traiga sus preguntas a su estudio de la Palabra de Dios.

Aprende de las Escrituras *¿Qué es lo que dice Dios?*

La Palabra de Dios es nuestra autoridad para la vida. Es nuestra guía para toda creencia y comportamiento. Nuestras vidas deben estar cimentadas en la Palabra de Dios. Es nuestra principal fuente de verdad absoluta y divina. Pase tiempo en oración y considere cuidadosamente lo que el texto bíblico está diciendo.

Busca Otras Fuentes *¿Qué dicen otras personas sabias?*

Después de estudiar las Escrituras por nosotros mismos, es recomendable buscar el consejo de otros. En Proverbios, Salomón dijo que la sabiduría se haya en la multitud de consejeros. La gente sabia escucha el consejo (Proverbios 12:15; 13:10; 19:20). Ponemos a su disposición opiniones bien fundamentadas en estos capítulos para ayudarle a comprender mejor la Palabra de Dios, por supuesto, estos consejos en sí deben ser evaluados comparándolos con la Palabra de Dios.

Incorpora Tu Propia Respuesta *¿Qué pienso yo?*

Aprendemos mejor cuando nos involucramos activamente. Escribir las respuestas a las preguntas profundizará su interacción con la Palabra de Dios. Algunas preguntas están diseñadas para aumentar su enfoque y comprensión de la Escritura; otras le ayudarán a ampliar su pensamiento para aplicar la Palabra de Dios en su vida.

Opina Junto con otros *¿Qué pensamos juntos?*

La transformación de vida aumenta cuando nos afilamos unos a otros en una discusión dinámica. Usted crecerá más si estudia con un grupo donde puedan discutir sobre cómo entender y obedecer la Palabra de Dios. Cuando la gente se reúne y está preparada para ser dirigida por el Espíritu Santo se generará una dinámica en la que las ideas y la sabiduría se multiplicarán más allá de lo que podría producir una persona individualmente.

Sé Obediente *¿Qué voy a hacer?*

Cristo nos llama a obedecer todo lo que nos manda (Mateo 28:20). El objetivo de estudiar la Biblia no es simplemente obtener conocimiento, sino obedecer. Estamos estudiando la Palabra de Dios para ser conformados cada vez más a la imagen de Jesucristo, para crecer hasta la madurez. La Biblia nos dice que el oír la Palabra sin ponerla en práctica es como construir una casa sobre la arena, mientras que practicar la verdad es como construir una casa sobre la roca (Mateo 7:24-27; Santiago 1:22-25). ¡Nos dedicamos a construir casas sobre la roca! Nuestro estudio nos debe llevar a pasar a la acción en el poder del Espíritu.

Antecedentes Históricos

Para entender cualquier libro histórico, es útil entender el contexto en el que fue escrito. A continuación, un breve resumen de estos temas.

Por causa de su propio nombre y de lo que había prometido a David, Dios dio a Judá tiempo adicional a pesar del pecado de esta nación, (2 Reyes 19:34, 20:6) cuando el ejército asirio estaba sitiando a Jerusalén (2 Reyes 19:35) en el 701 a.C. Pero Dios advirtió a Ezequías, rey de Judá, que este periodo adicional de tiempo se terminaría cuando los tesoros del templo y muchas personas serían llevadas a Babilonia, a la nueva potencia que se levantaría en el este (2 Reyes 20:17-18). Esta palabra se cumplió más adelante en la deportación a Babilonia de Daniel y los tesoros del templo (Daniel 1:1-2).

Sin embargo, antes del nacimiento de Daniel, la capital de Asiria, Nínive, fue invadida por los babilonios en el año 612 a.C. tras una gran disensión interna entre los asirios. Los asirios restantes huyeron hacia el oeste y eventualmente pidieron ayuda contra la expansión de Babilonia a su nuevo aliado, Egipto.

Tan inestable como una hoja en el viento, Judá vacilaba entre confiar en Dios o, más frecuentemente, en unirse a Asiria o al históricamente dominante Egipto, la antigua potencia regional. Cuando el faraón Necao subió de Egipto para ayudar a los asirios en el rio Éufrates, el rey Josías de Judá lo interceptó en Meguido y fue muerto (2 Reyes 23:29). Faraón eligió su propio rey de Judá, lo renombró Joaquín, impuso tributos a Judá (2 Reyes 23:34) y luego continuó hacia el norte.

Sin embargo, en el río Éufrates, en un lugar llamado Carquemis, el faraón Necao y sus aliados asirios fueron aplastados por el príncipe heredero Nabucodonosor de Babilonia (mayo-junio del 605 a.C.). Nabucodonosor se apresuró a ir al sur, hacia Jerusalén, para tratar con el rey títere Joaquín de Judá en Jerusalén, hogar de un profeta llamado Habacuc.

1
Guía de estudio

¡¿Por qué, Dios?!

Habacuc 1:1-11

Oración

Prepare su corazón y mente antes de iniciar con el estudio de la Palabra de Dios. Tómese un momento para orar por las preguntas que tiene en su vida y los problemas que surjan al estudiar la Escritura.

S Siempre Define el Tema: *¿Cuál es realmente el problema?*

El autor bíblico por lo general aborda un tema, asunto o problema. En un momento dado de nuestras vidas, enfrentamos dificultades y hacemos preguntas para tomar decisiones. Su estudio será más transformador si se toma tiempo para considerar cuál es el tema del pasaje y qué podría estar diciéndole este pasaje tomando en cuenta lo que está sucediendo actualmente en su vida.

Explore brevemente el pasaje considerando qué temas subyacentes pueden estar presentes. Reflexione sobre los asuntos que el autor podría estar abordando para su tiempo, ¿Cuáles serían los temas que usted abordaría hoy en día? En su propia opinión

¿Qué preguntas le surgen con este texto? ¿Qué es lo que le preocupa?

La mayoría de nosotros hemos clamado a Dios en busca de ayuda. Hemos visto con frustración que Dios parece no escuchar nuestras oraciones o intervenir en una situación en la que pensamos que si nosotros fuéramos Dios, sin duda haríamos algo. ¿Qué preguntas de las que le gustaría hacer a Dios serían similares a las de Habacuc? ¿Qué cosas que Dios ha hecho, o ha dejado de hacer, le hacen sentir frustrado?

¿Cuál es el tema? ¿Cuál es el problema o asunto central que se está abordando? ¿Cuál cree que es el principal problema para usted?

Escriba los principales temas:

A Aprende de las Escrituras: *¿Qué dice Dios?*

Lea el pasaje lentamente subrayando lo que le parece importante. Le será de gran beneficio leerlo varias veces. Marque las palabras clave. Observe quién está hablando en cada sección. Le animo a comprometerse con Dios en su Palabra. Una buena manera de hacerlo es comparar varias traducciones de la Biblia en español.

Para nuestro estudio de Habacuc, vamos a trabajar principalmente con la versión NVI, la Nueva Versión Internacional. Puede acceder a ella de forma gratuita en Bible.org, uno de los mejores sitios de estudio de la Biblia en Internet.

Para comparar fácilmente varias traducciones en español, recomiendo YouVersion como una buena aplicación (app) para leer la Biblia. En su estudio de Habacuc, le ayudará a comparar la Nueva Versión Internacional (NVI), Reina Valera (RV60), Biblia de las

Américas (BLA) y Nueva Traducción Viviente (NTV) especialmente para una frase o versículo que sea difícil de comprender.

Observe que los primeros cuatro versículos del libro son preguntas directas de Habacuc, posteriormente y sin introducción, en el versículo 5 Dios comienza a dar su sorprendente respuesta. Esta sección termina con un aguijón en la última frase.

El siguiente es el mensaje que Dios reveló al profeta Habacuc:

Habacuc 1: 1-11

1 Ésta es la profecía que el profeta Habacuc recibió en visión.

2 ¿Hasta cuándo, SEÑOR, he de pedirte ayuda
sin que tú me escuches?
¿Hasta cuándo he de quejarme de la violencia
sin que tú nos salves?
3 ¿Por qué me haces presenciar calamidades?
¿Por qué debo contemplar el sufrimiento?
Veo ante mis ojos destrucción y violencia;
surgen riñas y abundan las contiendas.
4 Por lo tanto, se entorpece la ley
y no se da curso a la justicia.
El impío acosa al justo,
y las sentencias que se dictan son injustas.

5 «¡Miren a las naciones!
¡Contémplenlas y quédense asombrados!
Estoy por hacer en estos días cosas tan sorprendentes
que no las creerán aunque alguien se las explique.
6 Estoy incitando a los caldeos,

ese pueblo despiadado e impetuoso,
que recorre toda la tierra
para apoderarse de territorios ajenos.
7 *Son un pueblo temible y espantoso,*
que impone su propia justicia y grandeza.
8 *Sus caballos son más veloces que leopardos,*
más feroces que lobos nocturnos.
Su caballería se lanza a todo galope;
sus jinetes vienen de muy lejos.
¡Caen como buitres sobre su presa!
9 *Vienen en son de violencia;*
avanzan sus hordas como el viento del desierto,
hacen prisioneros como quien recoge arena.
10 *Ridiculizan a los reyes,*
se burlan de los gobernantes;
se ríen de toda ciudad amurallada,
pues construyen terraplenes y la toman.
11 *Son un viento que a su paso arrasa todo;*
su pecado es hacer de su fuerza un dios.»

¿Qué preguntas planteó Habacuc a Dios?

¿Qué le disgustaba a Habacuc?

¿Cómo analizó el problema Habacuc?

¿Cómo presenta Dios su respuesta en el versículo 4? Vuelva a escribir la introducción en sus propias palabras.

¿Cuál fue la respuesta de Dios a Habacuc?

Resuma cómo Dios describió a los babilonios en los versículos 6-11.

¿Qué es lo que Dios implicó en la frase final del verso 11?

B Busca otras fuentes: *¿Qué dicen otras personas sabias?*

Lea el capítulo 1 o vea la presentación en video de este capítulo en inglés. Puede acceder el material en BruceBMiller.com. En la medida en que tenga tiempo y pueda, lea la sección correspondiente de uno de los estudios recomendados. También puede ver los recursos disponibles en Bible.org.

¡¿Por qué, Dios?!

Habacuc 1:1-11

Muy pocas personas ponen a sus hijos el nombre de este profeta. Su nombre nos suena bastante extraño hoy en día: Habacuc. ¿Cuántos Habacucs conoce? Si usted está embarazada, sabe que es varón y está buscando un nombre único, ¡Aquí lo tiene!

¿Cómo se pronuncia? Ha-Ba-Cuc. Nuestro objetivo no es aprender a pronunciar y deletrear Habacuc. En realidad, debemos tener una perspectiva más amplia, aunque no estamos empezando mal.

¿Quién es Habacuc? Sabemos muy poco de él. Profetizó en el siglo VII A.C, cuando el pueblo de Dios era un desastre. No sabemos nada acerca de la familia de Habacuc o en dónde nació. De hecho, el libro no habla de él, sino de su Dios, nuestro Dios. Habacuc nos enseña que entre más conozcamos a Dios, seremos más capaces de hacer frente a la vida en este mundo difícil, y que Dios siempre es más grande que lo que nuestras pequeñas mentes pudieran entender, y eso es algo bueno.

Regresemos al mundo de Habacuc en los tiempos en que vivió. Israel y Judá se habían dividido y ahora eran dos naciones separadas. Israel ya había sido destruido por los asirios. Judá resistió, pero estaba yendo cuesta abajo rápidamente debido a una serie de reyes impíos. Fueron degenerándose más y más en la inmoralidad, injusticia e idolatría. Se estaban alejando del Dios verdadero. ¿Le suena familiar?

Asiria y Egipto habían sido las potencias mundiales, pero el equilibrio del poder estaba cambiando rápidamente con el surgimiento de Babilonia quien destruyó la capital asiria de Nínive en el año 612 a.C. y después acabó con Egipto en la famosa batalla de Carquemis en el año 605 a.C. Después irían contra la pequeña Judá. Habacuc profetizó durante una época de violenta agitación política; imagínese Arabia, Siria o Somalia.

En este tiempo caótico, el pequeño libro de Habacuc describe una lucha muy personal con Dios. La forma en que las cosas estaban sucediendo en el mundo no parecía coincidir con un Dios que se suponía era bueno, fuerte y justo. La teología de Habacuc no encajaba con su experiencia sobre lo que Dios estaba haciendo y, más importante aún, con lo que aparentemente *no* estaba haciendo.

La mayoría de nosotros llegamos a un momento en nuestras vidas cuando dudamos o cuestionamos seriamente a Dios. Actualmente, usted podría estar en una situación en la que Dios no tiene sentido para usted. Tal vez se sienta frustrado, enojado, con dudas, confundido, e incluso temeroso, preguntando ¿qué está pasando en el mundo? ¿Dónde está Dios cuando un pequeño bebé está muriendo de cáncer, cuando una madre está en terapia intensiva sin calidad de vida, pero sigue resistiendo? ¿Dónde está Dios cuando está siendo violada una mujer? Un informe de la ONU sobre la violencia en Siria reporta torturas, incluso de niños, así como violencia sexual. ¿Qué está pasando? ¿Dónde está Dios?

Imagínese que usted está caminando por la calle y ve a una mujer mayor que está siendo atacada por una banda de malhechores. Después observa a un policía sentado en una banca de un parque cercano. Le grita al policía, señalando a la mujer que está en apuros. El policía se niega a mover un dedo para acudir en su ayuda e inmediatamente comienza a jugar en su teléfono inteligente. ¿No se enojaría con el policía? Si bien esto no es una imagen exacta de la realidad con Dios, así es como se sentía Habacuc. Estaba echando chispas de ira porque Dios parecía no estar haciendo algo acerca de la injusticia, ¡aunque ese era su trabajo! Esa es la esencia de la protesta del profeta: "Dios, ¿no te importa? Si eres un Dios justo, ¿por qué no hay justicia?" Habacuc está en la larga fila de personas santas que se atrevieron a cuestionar a Dios: Job, Moisés, Salomón, Jeremías y Jonás. Como Job, Habacuc reclamó el silencio de Dios.

Nosotros hacemos preguntas similares en la actualidad: ¿Dónde está Dios en un mundo que se ahoga en la violencia, el egoísmo y el pecado? Prepárese para que Habacuc nos revele la verdad acerca de Dios, puede que no sea lo que usted pensaba o esperaba. Dios mismo dice que su respuesta nos asombrará. Sus caminos son incomprensibles, tan sorprendente como la sangre humana goteando desde una cruz de madera. Sin embargo, si podemos comprender un poco más de quién es Dios y cómo trabaja, encontraremos una fresca confianza en medio del caos.

El libro de Habacuc es un todo unificado con una esperanzadora y poderosa conclusión a la que llega en los últimos versos. Se divide en cuatro secciones que forman la base de los cuatro capítulos de este libro, pero cada sección no está separada. Es necesario verlo como una unidad. He aquí un esquema de todo el libro.

Habacuc

Capítulo 1a 1:1-11	Capítulo 1b 1:12–2:5	Capítulo 2 2:6–20	Capítulo 3 3:1–19
Observación	Espera	Advertencia	Adoración
Preguntas	Fe	Cinco lamentaciones	Canto de alabanza

Las dos primeras secciones, más o menos los primeros dos capítulos, registran el diálogo de Habacuc con Dios en el que hizo dos grupos de preguntas difíciles. La mayor parte de la tercera sección, en el capítulo 2, advierte a las naciones con cinco lamentaciones de Dios. Por último, el capítulo 3 termina con una canción de alabanza, una oración de adoración a nuestro gran Dios.

Habacuc comenzó con la cada vez más persistente pregunta, "¿Por qué?" Y termina con el eterno "¿Quién?" Veremos que cuando las cosas están sacudiéndose, tenemos que confiar en

Aquel que es inamovible. Cuando la vida nos tiene tambaleando como una hoja bajo una poderosa tormenta, podemos mantenernos confiados en el Dios inquebrantable que controla la tormenta.

Habacuc 1: 1-11

1 *Ésta es la profecía que el profeta Habacuc recibió en visión.*

2 *¿Hasta cuándo, SEÑOR, he de pedirte ayuda*
sin que tú me escuches?
¿Hasta cuándo he de quejarme de la violencia
sin que tú nos salves?
3 *¿Por qué me haces presenciar calamidades?*
¿Por qué debo contemplar el sufrimiento?
Veo ante mis ojos destrucción y violencia;
surgen riñas y abundan las contiendas.
4 *Por lo tanto, se entorpece la ley*
y no se da curso a la justicia.
El impío acosa al justo,
y las sentencias que se dictan son injustas.

5 *«¡Miren a las naciones!*
¡Contémplenlas y quédense asombrados!
Estoy por hacer en estos días cosas tan sorprendentes
que no las creerán aunque alguien se las explique.
6 *Estoy incitando a los caldeos,*
ese pueblo despiadado e impetuoso,
que recorre toda la tierra
para apoderarse de territorios ajenos.
7 *Son un pueblo temible y espantoso,*

que impone su propia justicia y grandeza.
8 *Sus caballos son más veloces que leopardos,*
más feroces que lobos nocturnos.
Su caballería se lanza a todo galope;
sus jinetes vienen de muy lejos.
¡Caen como buitres sobre su presa!
9 *Vienen en son de violencia;*
avanzan sus hordas como el viento del desierto,
hacen prisioneros como quien recoge arena.
10 *Ridiculizan a los reyes,*
se burlan de los gobernantes;
se ríen de toda ciudad amurallada,
pues construyen terraplenes y la toman.
11 *Son un viento que a su paso arrasa todo;*
su pecado es hacer de su fuerza un dios.»

A través del libro de Habacuc, descubrimos que la queja se transformó en confianza. La fe madura confía humildemente en el Dios que nunca podrá ser entendido completamente. Al enfrentar el mal y la injusticia, esperamos y confiamos en el Señor Dios fuerte y misericordioso que juzga el mal y llenará la tierra con su gloria. Nuestro encuentro con Dios a través de Habacuc puede convertir nuestras dudas en devoción y nuestra confusión en confianza. El libro comienza interrogando a Dios y termina alabándolo. La preocupación se transforma en adoración. El miedo se convirtió en fe. El terror se convirtió en confianza. La angustia se hizo adoración.[1]

Habacuc es un gran libro para todos los que vivimos en el tiempo intermedio, el tiempo entre la cruz de Cristo y su regreso. En este tiempo confuso donde el mal todavía corre desenfrenadamente, en el que a la gente buena y a quien amamos le ocurren terribles sufrimientos, podemos mirar a Dios con esperanza. Está bien hacer preguntas difíciles a Dios al igual que Habacuc mientras andamos a tientas a través del dolor para entender qué está pasando en el mundo. Pero prepárese, la luz de esta enseñanza nos deslumbrará mientras Dios reemplaza nuestros pensamientos más elevados y se niega a ser encasillado a nuestras bonitas cajas teológicas.

El mensaje de Habacuc nos desafía al arrepentimiento al tener a la vista el juicio de Dios y nos consuela con su promesa de salvación. El libro completo de Habacuc tiene sólo 56 versos, así que le animo a leerlo varias veces mientras lee este libro. Ore para que Dios le muestre más de él a través del profeta Habacuc.

En la primera sección, Habacuc 1:1-12, Habacuc hizo dos grandes preguntas fuera de su agonía personal, y son seguidas por la asombrosa respuesta de Dios. Vamos a empezar con las preguntas de Habacuc.

Preguntas Directas de Habacuc

Al parecer Habacuc había estado clamando a Dios por mucho tiempo porque su primera pregunta fue: "¡¿Hasta cuándo?!"

"¡¿Hasta cuándo?!"

Habacuc exigió una respuesta de Dios. Al enfrentar el silencio de Dios, Habacuc se negó a quedarse callado. La palabra hebrea para "Clamar" significa "gritar" o "rugir".[2] Habacuc estaba molesto. Yo me he sentido así, ¿usted no? A veces dudamos para enojarnos con Dios, pero Dios nunca condena a sus hijos por llamarle en medio de la confusión. Hay una diferencia entre las preguntas cínicas que surgen por rebelarse contra Dios y las preguntas honestas de los creyentes firmes que no puede ver cómo un Dios bueno puede seguir permitiendo que el mal continúe alocadamente.

1. "¡¿Por qué?!"

¿Por qué no se opone Dios a tanta injusticia y maldad? ¿Por qué no hace algo al respecto? Obviamente, Él podría. ¿Qué no lo ve Dios? Habacuc había estado orando, pero Dios no estaba respondiendo. Yo me he sentido así. Es una sensación terrible.

¿A quién le estaba diciendo violento Habacuc? ¿Quién estaba pervirtiendo la justicia? Él estaba hablando de su propio pueblo. Judá había sido desgarrado por el pecado. Habacuc utiliza seis términos diferentes para describir la situación: violencia, injusticia, calamidades, destrucción, riñas y conflicto. Estas cosas hicieron que surgieran dos grandes problemas en la mente de Habacuc:

- La ley carece de poder
- La justicia nunca se cumple

Así que los malvados intimidan a los inocentes. Otra traducción dice que la justicia está paralizada. Toda su sociedad estaba llena de delincuencia, violencia, corrupción, juicios injustos y conflictos.

Habacuc responsabilizó a Dios. Él sentía que Dios no estaba escuchando. Que no intervino. Se suponía que debía ser justo, pero dejaba que sucedieran irregularidades y permitía que la justicia se pervirtiera. Este no era el Dios que él conocía. Habacuc pensaba que Dios era justo y poderoso, y que respondería a las oraciones de su pueblo, pero en lugar de eso parecía que Dios no estaba haciendo algo para detener el terrible mal y no estaba respondiendo al apasionado clamor por ayuda de Habacuc. Como veremos, el Dios viviente e incomparable no va a ser contenido por ningún ser humano.

Pero note que Dios nunca le dijo a Habacuc que era incorrecto hacer estas preguntas. Está bien hacer preguntas directas, incómodas o retadoras. La vida es confusa. Jacob luchó con Dios (Génesis 32). Jonás se quejó con Dios (Jonás 4). Jesús mismo se lamentó desde la cruz siendo fiel al Padre, usando las palabras del Salmo 22: "Dios mío, Dios mío, ¿por qué me has abandonado?" 1a, (Mateo 27: 46b, NVI).

¿Cuáles son las grandes preguntas que tiene para Dios? No dude en preguntarle. De hecho, si le es útil, le invito a escribirlas. Escriba las preguntas más difíciles que tiene para Dios. ¿Qué es lo que realmente le molesta sobre lo que Dios está haciendo o está dejando de hacer? Considere cuáles de sus preguntas han sido contestadas y cómo va con Dios. Al final del libro, vea si ha tenido algún avance mientras clama a Dios junto con Habacuc y conoce a Dios y sus caminos un poco mejor.

Si la situación que Habacuc describe en estos primeros cuatro versículos es mala, la respuesta de Dios le parecerá peor.

La Sorprendente Respuesta de Dios

A primera vista, puede parecer que la respuesta de Dios no estaba relacionada con la pregunta de Habacuc. En hebreo, se puede ver la ironía en esto: Habacuc insistió a Dios "mira [esta] injusticia", acusando a Dios de no mirar. Dios respondió con el mismo verbo hebreo: "miren" a las naciones y "contemplen" lo que voy a hacer. La respuesta de Dios amplió la visión de Habacuc de los problemas locales en Judá a los asuntos internacionales con las naciones del mundo. Dios abrió la mente de Habacuc para ver un panorama más amplio y más complejo de relaciones.

Aprendemos que cuando Dios a veces parece estar en silencio, no significa que no se da cuenta o está despreocupado. Él simplemente es paciente y tiene sus propios tiempos. Él preparó a Habacuc diciendo, "¡contémplenlas y quédense asombrados!"

Contempla y asómbrate

Vuelva a ver el verso 5. Dios dijo: "Miren... ¡presten atención! ¡Se sorprenderán y asombrarán! . . . Haré algo... que no van a creer". Dios sobrepasa nuestra comprensión, nuestros horizontes de tiempo y nuestra capacidad para factorizar variables complejas. ¿Quiénes somos para pensar que podríamos llegar a entender a Dios si nos dijera lo que está haciendo y por qué?

Como padre, ¿alguna vez ha tratado de explicar qué y por qué usted hace algo a su hijo de dos años de edad? ¿Le ha respondido su hijo, "Claro, mamá, eso tiene mucho sentido. Gracias"? No. Él no entiende por qué no puede comer todo el pastel o jugar con el cuchillo o perseguir una pelota al otro lado de la calle. El niño exige que se le entienda.

Tome en consideración que la brecha entre usted como padre que tiene unos 30 y tantos años y su hijo de dos años de edad, es pequeña comparada con la distancia entre nosotros y nuestro incomparable Dios. Incluso si Dios mismo nos explicará, no lo entenderíamos, lo cual es bueno porque no queremos un dios que quepa en nuestras pequeñas mentes.

La palabra hebrea para "sorprendido y asombrado" incluye un elemento de miedo. Dios sobrepasa nuestra imaginación humana y nos asusta un poco. Estos verbos "mirar" y "sorprender" están todos en plural por lo que Dios está respondiendo no sólo a Habacuc, sino a todas las personas e incluso a las siguientes generaciones de personas, incluyéndonos.

Hay marcado tono en la respuesta de Dios que hace que sea aún más impactante. En respuesta al clamor de Habacuc, "¿Hasta cuándo?" Dios dijo que él estaba a punto de habilitar a los babilonios para venir a aplastar Judá. Dios no puso en duda el análisis de Habacuc sobre la violencia y la injusticia o la necesidad de tratar con estos asuntos. Comenzando en el versículo 6, se limitó a decir que los destructores implacables venían para aplastarlo.

Destructores Implacables

Queremos que Dios trate con el mal de nuestro mundo y que detenga el dolor y el sufrimiento, pero rara vez pensamos lo que esto significa. Cuando escucho que la gente grita "*maldita sea*", a veces me pregunto si realmente quieren que condene a alguien o a algo, porque él puede y lo hará un día. De hecho, Dios advirtió a su pueblo por medio de Moisés allá en Deuteronomio 28, unos 1000 años antes de Habacuc, que si se apartaban de él y de la obediencia entonces,

> *El SEÑOR levantará contra ti una nación muy lejana, cuyo idioma no podrás entender; vendrá de los confines de la tierra, veloz como un águila. Esta nación tendrá un aspecto feroz y no respetará a los viejos ni se compadecerá de los jóvenes. Devorará las crías de tu ganado y las cosechas de tu tierra, hasta aniquilarte. No te dejará trigo, ni mosto ni aceite, ni terneras en las manadas, ni corderos en los rebaños. ¡Te dejará completamente arruinado!*
>
> Deuteronomio 28: 49-51a

Esta advertencia estaba a punto de suceder. Es aterrador que Dios estuviera levantando a personas despiadadas y violentas para destruir a su propio pueblo a causa de su persistente pecado, pero estaba a punto de hacer precisamente esto.

Un día, Dios juzgará a todo el mundo. Dios es juez justo en todo y se ocupará del mal. Él va a poner todo en orden, pero no va a ser bonito. Tenemos que temer a Dios apropiadamente mucho más de lo que lo hacemos ahora.

En los versículos 6-11, Dios presenta a los babilonios dando unos 20 detalles de lo terrible que eran. No hay una realidad endulzada aquí. Imagine si este mensaje se aplicara a nosotros. Puesto que Estados Unidos no es Israel (el pueblo escogido de Dios), este texto no se aplica directamente a nuestro país, pero Estados Unidos todavía es una nación injusta que se hunde más y más en la violencia y el pecado. La ley se tuerce y la justicia se pervierte.

¿Qué sucedería si Dios levantara una nación cruel para conquistarnos? Piense en lo peor de la historia, como Atila o Hitler y el Tercer Reich. Imagine si hoy en día Dios dijera, "Contemplen y sorpréndanse porque estoy empoderando a un grupo de terroristas despiadados y codiciosos para destruirlos. Se extenderán por toda la tierra y se apoderarán de lo que no les pertenece. Los amedrentarán y aterrorizarán, ellos decidirán qué es lo correcto. Vendrán con rapidez y acechantes igual que lobos, descenderán sobre ustedes como buitres que devoran a sus presas. Usarán la violencia y se llevarán una gran cantidad de prisioneros. Se reirán de su presidente, gobernadores y alcaldes. Capturarán y destruirán todas las ciudades importantes de su país".

¿Cómo respondería usted a Dios? Ciertamente estaríamos sorprendidos, aterrados, y creeríamos que un acto de Dios así es incomprensible. Aunque fuéramos muy malos, estaríamos muy seguros de que somos mejores que los invasores. Como veremos en el siguiente capítulo, Habacuc no estaba contento con Dios en lo absoluto. No le gustaba esta respuesta.

Dios no estaba confundido acerca de lo terrible que eran los babilonios. Describió en términos gráficos su salvaje violencia. Eran terribles, temibles, despiadados y crueles. Se creían dioses. Su dios, era su poder militar. Eran como el *Übermensch (Superhombre)* de Nietzsche... el *Prometeo* de Goethe y el *Invictus* de Henley".[3] Daban adoración a sí mismos. En la última línea del verso 1:11 nos encontramos con un significativo cambio: se les consideraría culpables.

Culpables

Estas personas poderosas, arrogantes, y totalmente confiadas en sí mismas tendrían que rendir cuentas a un poder superior. El éxito cava su propia tumba. Piense en nuestra propia vida. Uno de los objetivos de este pasaje es llamar a la gente al arrepentimiento.

No estamos muy alejados de los hijos de Judá, o incluso de los babilonios, mirando a los demás hacia abajo desde una posición de justicia propia como si no fuésemos culpables de algún pecado similar. Considere los pecados de Judá: violencia, injusticia, maldad, conflicto, lucha, abusos de la ley, distorsiones de la justicia. ¿Quién de nosotros no ha sido culpable de alguno de estos de una forma u otra? ¿Y qué hay de los pecados de los babilonios? Evalúese a sí mismo: implacable, codicioso, tomando lo que no le pertenece, decidiendo usted mismo lo que es bueno, violento, burlándose de las autoridades, abusando de otros, amenazando a los demás. Una vez más, ¿quién de nosotros no ha sido culpable de alguno de estos pecados en alguna manera, incluso en su propia familia? ¿De qué necesita arrepentirse?

Dios dijo que se les encontraría culpables. Cargan el peso de sus pecados el cual exige un castigo divino. Aquí es donde entra en juego el Evangelio, pero hay que leer más de Habacuc para ver esto. En el siguiente capítulo, veremos que las claves son la misericordia de Dios y nuestra fe. Dios está dispuesto a ir más allá de lo extremo para salvar a la humanidad de su propia autodestrucción. "El sufrimiento de Jesús en la cruz es su mayor apelación a un mundo envuelto en la violencia... Dios no se detendrá ante nada para acercarnos a él"[4] Como lo vemos en el simbolismo del bautismo, Dios nos limpia como la blanca nieve con la sangre purificadora de su Hijo Jesucristo (1 Juan 1:7). Jesús llevó nuestra culpa sobre sí para que Dios pudiera perdonarnos.

Pero después de que ha confiado en Jesucristo, es común que experimente tiempos oscuros de cuestionamientos a Dios cuando parece estar en silencio. Hacer preguntas honestas es una parte sana de nuestra relación con Dios. En tiempos terribles, clamamos a Dios. Él está escuchando. Sus respuestas pueden no ser lo que usted esperaba, pero usted no tiene el panorama completo, ni mucho menos. Ni usted ni yo gobernamos el mundo. En los momentos de reflexión, nos damos cuenta de que sería muy mala idea si tratáramos de dirigir al mundo. Dejemos eso a Dios. La final respuesta a nuestro clamor de "¡¿Por qué?!" es el eterno

"¡¿Quién?!" Veremos que cuando las cosas se están sacudiendo, tenemos que confiar en Aquel que es inquebrantable.

En su excelente comentario sobre Habacuc, Brucker pregunta: "¿Por qué Dios nos da un libro con la trama básica de la muerte de la comunidad de Habacuc?"[5] La Biblia nos da una idea de la realidad. La muerte es una certeza. Dios no está comprometido principalmente con nuestra paz, seguridad o prosperidad en esta tierra. Está interesado en nuestra fidelidad a él en un mundo de dolor y sufrimiento donde el mal todavía está sin control. Un punto importante de este pasaje es que tenemos libertad para poder hacer preguntas difíciles a Dios mientras esperamos la asombrosa respuesta de Dios en un panorama mucho más amplio. En su confusión sobre la aparente incapacidad de Dios para hacer frente a la injusticia, vea con gran asombro lo que Dios hará pues puede sorprenderlo totalmente.

A continuación se presenta el famoso final de Habacuc, el cual vamos a utilizar como cierre en cada capítulo:

Aunque la higuera no dé renuevos,
ni haya frutos en las vides;
aunque falle la cosecha del olivo,
y los campos no produzcan alimentos;
aunque en el aprisco no haya ovejas,
ni ganado alguno en los establos;
18 *aun así, yo me regocijaré en el SEÑOR,*
¡me alegraré en Dios, mi libertador!
19 *El SEÑOR omnipotente es mi fuerza;*
da a mis pies la ligereza de una gacela
y me hace caminar por las alturas.

-Habacuc 3: 17-19

Aunque nuestro pasaje en el primer capítulo termina, Habacuc no estaba contento. Tenía más preguntas para Dios. Veía que el remedio de Dios era peor que la propia enfermedad de su pueblo.

I Incorpora tu propia respuesta *¿Qué pienso yo?*

¿Cuál es el punto principal de este pasaje? Tómese su tiempo para pensar y escribir el tema principal en una sola oración o frase.

A partir de este texto bíblico, ¿cómo está respondiendo Dios a sus preguntas de la sección "Siempre define el tema"?

¿Qué cree que el Espíritu de Dios le está dirigiendo hacer en respuesta a este pasaje? Tal vez sea un cambio sobre sus pensamientos acerca de Dios, transformar una actitud o una acción a tomar.

O Opina junto con otros: *¿Qué pensamos juntos?*

Cuando se reúna con su amigo o grupo, contesten las siguientes preguntas juntos, pero no se limiten solo a éstas. En oración, permitan que el Espíritu de Dios guie la conversación mientras buscan a Dios juntos en su Palabra.

1. ¿Alguna vez han oído hablar de Habacuc? ¿Han leído el libro? Sin importar lo que pensara antes, ¿cuáles fueron sus primeros pensamientos acerca de este libro antes de comenzar nuestro estudio?

2. ¿Ha habido algún momento en su vida en que Dios parecía estar en silencio?, ¿Hubo alguna ocasión en que aparentemente Dios no respondió a sus oraciones? ¿Qué sintió o siente hacia Dios en esa situación? ¿Se puede identificar con Habacuc?

3. En sus propias palabras, ¿cómo expresaría las preguntas y acusaciones de Habacuc hacia Dios en los versículos 1-4? ¿Qué era lo que le enojaba?

4. ¿Qué preguntas difíciles le gustaría hacer a Dios? ¿Qué ha hecho Dios, o ha dejado de hacer, que le irrita?

5. ¿Cuál fue la respuesta de Dios a Habacuc (vea los versículos 6-11)?

6. En la última frase del versículo 11, ¿Qué le dijo Dios a los babilonios? ¿Cómo es que la culpa es un problema humano universal?

7. Más allá de Habacuc 1, ¿cómo trata Dios el problema de la culpa humana?

8. Lean juntos la maravillosa afirmación de los últimos tres versículos del libro: Habacuc 3:17-19.

S Se obediente *¿Qué voy a hacer?*

Al reflexionar sobre su estudio de Habacuc 1:1-11, ¿Cómo lo va a poner en acción? Dios nos llama no sólo a conocer su Palabra, sino también a someternos a ella, para ser transformados a través de su Espíritu. ¿Qué cree que Dios quiere cambiar en usted a través de este texto? Escriba qué va a hacer de manera diferente. Podría ser transformar algo en su mente, en su corazón, en sus acciones o en una relación con otra persona.

2
Guía de estudio

¿Cómo pudiste, Dios?

Habacuc 1: 12-2: 5

Oración

S Siempre Define el Tema: *¿Cuál es realmente el problema?*

Este paso suele pasarse por alto, pero su estudio será más transformador si se toma el tiempo necesario para considerar cuál es el tema principal del pasaje y cuál es el principal asunto en su vida al que este pasaje puede hablar.

Revise el pasaje considerando los problemas subyacentes que pudieran estar presentes. ¿Cuáles son las preguntas más profundas que están en juego? Al relacionar los asuntos que podría estar abordando el autor para su tiempo, ¿Cuáles son los principales temas para usted en su contexto actual? ¿Qué preguntas vienen a su mente al considerar este texto? ¿Qué cosas le preocupan?

La mayoría de nosotros nos hemos sentido frustrados por la aparente respuesta de Dios a nuestras oraciones. A veces las cosas parecen empeorar. ¿Qué le ha frustrado de Dios por lo que ha hecho o dejado de hacer en respuesta a sus peticiones? Habacuc no entendía cómo es que lo que Dios estaba haciendo encajaba con lo que él sabía del carácter de Dios. No tenía sentido para él. ¿En qué formas Dios no ha tenido sentido para usted?

¿Qué de lo que sí dijo Dios, y de lo que no explicó a Habacuc nos puede ayudar? Dios respondió a Habacuc en lo que quizá sea el verso más famoso de todo el libro, Habacuc 2:4, el cual es citado tres veces en el Nuevo Testamento.

¿Cuál es el tema? ¿Cuáles son los asuntos o cuestiones centrales que se abordan? ¿Cuál es el principal problema para usted?

Anote el o los principales problemas.

A Aprende de las Escrituras: *¿Qué dice Dios?*

Lea el pasaje lentamente subrayando lo que le parece importante. Marque las palabras clave. Observe quién está hablando en cada sección y a quién se está refiriendo. Marque cada una de las preguntas de Habacuc. Observe cada descripción de Dios.

Habacuc 1: 12-2:5

12 *¡Tú, SEÑOR, existes desde la eternidad!*
¡Tú, mi santo Dios, eres inmortal!
Tú, SEÑOR, los has puesto para hacer justicia;
tú, mi Roca, los has puesto para ejecutar tu castigo.
13 *Son tan puros tus ojos que no puedes ver el mal;*
no te es posible contemplar el sufrimiento.
¿Por qué entonces toleras a los traidores?
¿Por qué guardas silencio

mientras los impíos se tragan a los justos?

14 *Has hecho a los hombres como peces del mar,*

como reptiles que no tienen jefe.

15 *Babilonia los saca a todos con anzuelo,*

los arrastra con sus redes,

los recoge entre sus mallas,

y así se alegra y regocija.

16 *Por lo tanto, ofrece sacrificios a sus redes*

y quema incienso a sus mallas,

pues gracias a sus redes su porción es sabrosa

y su comida es suculenta.

17 *¿Continuará vaciando sus redes*

y matando sin piedad a las naciones?

2 *Me mantendré alerta,*

me apostaré en los terraplenes;

estaré pendiente de lo que me diga,

de su respuesta a mi reclamo.

La respuesta del

2 *Y el SEÑOR me respondió:*

«Escribe la visión,

y haz que resalte claramente en las tablillas,

para que pueda leerse de corrido.

3 *Pues la visión se realizará en el tiempo señalado;*

marcha hacia su cumplimiento, y no dejará de cumplirse.

Aunque parezca tardar, espérala;

porque sin falta vendrá.

4 *»El insolente no tiene el alma recta,*

pero el justo vivirá por su fe.

5 *Además, la riqueza es traicionera;*

por eso el soberbio no permanecerá.

Pues ensancha su garganta, como el sepulcro,

y es insaciable como la muerte.

Reúne en torno suyo a todas las naciones

y toma cautivos a todos los pueblos.

¿Qué afirmó Habacuc acerca del carácter de Dios?

¿Qué interrogantes tiene Habacuc para Dios?

¿Cómo describe Habacuc a los babilonios?

En resumen, ¿Cuál parece ser la frustración de Habacuc con Dios? En otras palabras, ¿Qué es lo que no tenía sentido para él?

¿Cómo se preparó Habacuc para la respuesta de Dios en el 2:1?

¿Cuáles son las diferentes cosas que Habacuc le dijo a Dios que haría (2: 2-3)?

¿Por qué Habacuc tenía que escribir el mensaje?

¿Qué contraste ve en el versículo 4? ¿De qué manera el verso 5 amplia la primera mitad del versículo 4?

Busque y lea los tres lugares en el Nuevo Testamento que citan Habacuc 2:4: Romanos 1:17; Gálatas 3:11; Hebreos 10:38. ¿Cómo usó cada autor la cita de Habacuc? (Nota: No lo usan de la misma forma).

B Busca otras fuentes: *¿Qué dicen otras personas sabias?*

Lea el capítulo 2 o vea la presentación en video de este capítulo en inglés. Puede acceder el material en BruceBMiller.com. En la medida en que tenga tiempo y pueda, lea la sección correspondiente de uno de los estudios recomendados. También puede ver los recursos disponibles en Bible.org.

Conclusion; Dios lo permite

¿Cómo pudiste, Dios?

Habacuc 1: 12-2: 5

¿Alguna vez su fe en Dios ha sido sacudida? Para la mayoría de nosotros, nuestra fe sí ha sido sacudida. Pedí a unas cuantas personas de nuestra iglesia que me enviaran algunas de las preguntas más difíciles que le han hecho a Dios. Dichas preguntas me ha tocado profundamente. Voy a compartir algunas de forma anónima.

¿Alguna vez has orado por algo sólo para descubrir que al día siguiente es peor? ¿Qué haces cuando Dios responde a la oración en una manera que no tiene sentido o te confunde? Quisieras gritar, "¡No Dios, se supone que tú no obras de esa manera!" Habacuc nos ayuda a ver cómo aferrarnos al inquebrantable Dios cuando lo que hace no tiene sentido.

Habacuc nos enseña que entre más conozcamos a Dios, seremos más capaces de hacer frente a la vida en este mundo difícil. Pero Dios es siempre más grande que lo que nuestras pequeñas mentes podrían contener, por lo que nunca lo entenderemos plenamente. Como lo mencioné en el primer capítulo, el libro es un todo unificado con la esperanzadora y poderosa conclusión a la que llega en los últimos versículos. El libro está dividido en cuatro secciones.

Habacuc

Capítulo 1a 1:1-11	Capítulo 1b 1:12–2:5	Capítulo 2 2:6–20	Capítulo 3 3:1–19
Observación	Espera	Advertencia	Adoración
Preguntas	Fe	Cinco lamentaciones	Canto de alabanza

Habacuc 1:12 - 2:5

12 ¡Tú, SEÑOR, existes desde la eternidad!
¡Tú, mi santo Dios, eres inmortal!
Tú, SEÑOR, los has puesto para hacer justicia;
tú, mi Roca, los has puesto para ejecutar tu castigo.
13 Son tan puros tus ojos que no puedes ver el mal;
no te es posible contemplar el sufrimiento.
¿Por qué entonces toleras a los traidores?
¿Por qué guardas silencio
mientras los impíos se tragan a los justos?
14 Has hecho a los hombres como peces del mar,
como reptiles que no tienen jefe.
15 Babilonia los saca a todos con anzuelo,
los arrastra con sus redes,
los recoge entre sus mallas,
y así se alegra y regocija.
16 Por lo tanto, ofrece sacrificios a sus redes
y quema incienso a sus mallas,
pues gracias a sus redes su porción es sabrosa
y su comida es suculenta.
17 ¿Continuará vaciando sus redes
y matando sin piedad a las naciones?

2 *Me mantendré alerta,*
me apostaré en los terraplenes;
estaré pendiente de lo que me diga,
de su respuesta a mi reclamo.

2 *Y el SEÑOR me respondió:*

«Escribe la visión,
y haz que resalte claramente en las tablillas,
para que pueda leerse de corrido.
3 *Pues la visión se realizará en el tiempo señalado;*
marcha hacia su cumplimiento, y no dejará de cumplirse.

Aunque parezca tardar, espérala;
porque sin falta vendrá.

4 *»El insolente no tiene el alma recta,*
pero el justo vivirá por su fe.
5 *Además, la riqueza es traicionera;*
por eso el soberbio no permanecerá.
Pues ensancha su garganta, como el sepulcro,
y es insaciable como la muerte.
Reúne en torno suyo a todas las naciones
y toma cautivos a todos los pueblos.

Habacuc comenzó con la cada vez más persistente pregunta de "¡¿Por qué?!" y terminó con el eterno, "¡¿Quién?!" Veremos que cuando las cosas están sacudiéndose, tenemos que confiar en Aquel que es inamovible. La fe madura confía humildemente en el Dios al que nunca podremos entender completamente. Al enfrentar el mal y el sufrimiento, confiamos en el Señor Dios que un día llenará la tierra con su gloria.

En el primer capítulo, vimos a nuestro perplejo profeta clamando a Dios con frustración. Habacuc no podía entender por qué Dios estaba permitiendo que la violencia y la injusticia siguieran sucediendo justo frente a sus ojos. ¿Qué no veía lo que estaba pasando? ¿No le importaba? ¿Y por qué no estaba respondiendo a la oración de Habacuc? Habacuc estaba tan frustrado porque no escuchaba nada de Dios.

Posteriormente, como hemos visto, Dios respondió a Habacuc, pero no de la manera en que lo estaba esperando. La solución de Dios hizo que Habacuc estuviera aún más frustrado, confundido y enojado. Dios dijo que iba a traer a los implacables babilonios para aplastar al pueblo de Judá quien se había apartado de él. Eso no tenía sentido para Habacuc. Eso sería como si Dios levantara a Hitler para juzgar a los Estados Unidos. Seguro que tenemos nuestros problemas, pero Hitler sería peor. A la vista de Habacuc, Dios no había resuelto el problema, sino que lo había empeorado.

La mayoría de nosotros, a veces nos hemos sentido realmente frustrados con Dios; algunas veces nos hemos enojado y confundido profundamente. Permítanme compartirle algunas de las preguntas que me enviaron; algunas de las cosas que Dios hizo o dejó de hacer por las que la gente realmente se ha enojado. Fue muy difícil escucharlas. Tocaron mi corazón.

1. ¿Por qué no ha cambiado Dios el corazón de mi marido, quien se alejó de Dios hace más de 23 años?

2. ¿Por qué Dios permitió que nuestra hija fuera víctima de tanta tragedia y mal?

3. Dios, ¿por qué no sanas a mi hijo?

4. ¿Cómo puedes abandonarme dejándome sola para criar a mis cuatro hijos, mientras mi querido ex-marido nos deshonra en las calles, sin siquiera preocuparse por nosotros o ayudarnos de alguna manera?

5. ¿Por qué permites que la violencia extrema ande por todas partes?

6. ¿Por qué nuestra hija tuvo que ser atacada sexualmente?

7. ¿Por qué ignoraste mis oraciones para quitar la adicción de mi hijo y en lugar de eso, dejaste que muriera?

8. Dios, ¿por qué dejaste que mis padres se divorciaran?

9. ¿Por qué dejaste morir al abuelo?

10. ¿Por qué dejaste morir a los niños en el tiroteo de la escuela?

11. ¿Por qué dejaste que mi dulce, activa, fiel, obediente y piadosa madre contrajera cáncer dos veces? ¿Por qué sufrió tan terriblemente y murió a los 69 años?

Puedo sentir su dolor. Tal vez usted pueda identificarse con uno o más de estos lamentos del corazón. Busquemos en la Palabra de Dios para encontrar ayuda para nuestras candentes preguntas y frustraciones.

Habacuc estaba tan molesto que estalló delante de Dios con una oración sin un preludio típico como "Querido Señor", o una confesión de pecado. Estaba enojado con Dios. La respuesta de Dios fue muy desconcertante. Tenía a Habacuc dando vueltas. ¿Qué tenía que hacer Habacuc con sus preocupaciones? No fue a ver a sus colegas profetas para decirles: "Hola chicos, no van a creer lo que me acaba de decir Dios. ¡¿Cómo pudo hacer algo así?!" No se alejó de Dios. Habacuc fue hacia Dios.

Es un error común recoger nuestros proverbiales juguetes y salir huyendo. Cuando usted está confundido o molesto, no deje de asistir a los servicios de la iglesia, ni deje de leer la Biblia o de orar. Esto es un gran error. No huya de Dios, acuda a Dios. Cuando usted no entienda lo que Dios está haciendo, cuando la vida sea realmente confusa, vaya a Dios con sus preguntas. Eso es lo que hizo Habacuc.

La Pregunta de Habacuc

Habacuc inició con algo bueno, el carácter de Dios. Recordó algunas cosas que sabía acerca de Dios.

Dios, puesto que tú eres

Cuando todo se está cayendo a pedazos y nada tiene sentido, siempre puede recordar el carácter inmutable de Dios. Él es constante. Cuando Habacuc se encontraba en un mar de confusión con las olas rompiendo todo a su alrededor, se agarró a la boya salvavidas del carácter de Dios. Habacuc da seis descripciones de Dios:

1. Señor

2. Activo

3. Eterno

4. Soberano

5. Inmortal

6. Protector

Habacuc habló a Dios de una manera personal. Lo llamó "Mi Dios soberano". Él es el Dios de Habacuc. La imagen detrás de "protector" es una Roca. Dios es nuestra Roca, nuestro refugio, nuestra protección en las tormentas. Podemos aferrarnos a él. No hay nadie como él. Dios es fundamentalmente incomparable. Así que después de recordar su teología, ahora Habacuc presenta su gran pregunta.

¿Cómo puedes utilizar a los malvados sin decir algo?

"Dios, tú eres el Dios santo, soberano, así que ¿cómo pudiste levantar a los babilonios y utilizarlos puesto que es claro que son gente mala e implacables?" Habacuc presentó lo que claramente veía como argumentos en contra de Dios. "Mira Dios, ¿no es verdad que tú eres santo y por lo tanto no puedes tolerar la injusticia? Cierto. ¿Y no puedes tolerar el mal, verdad? Muy bien, así que dime ¿cómo es posible que levantes a gente traidora? ¿Cómo es que te quedas en silencio, mientras los babilonios matan, torturan y violan a personas inocentes? ¿Qué sentido tiene? Dios, te estás contradiciendo".

Habacuc pensó que tenía a Dios en una trampa de lógica sin salida aparente. Si Dios es moral y poderoso, protector de la vida humana y la justicia, entonces, ¿cómo podría usar a gente mala que violentamente asesinaba y abusaba de las personas? El problema no sólo era que Dios permitiera el mal, sino que estaba haciendo que sucediera. Una cosa es castigar a su pueblo por desobedecer, pero la injusticia del castigo parece peor que la propia desobediencia. Una cosa es sacar a su hijo del juego por un tiempo; pero otra cosa es que todos juntos le golpeen la cara. Habacuc estaba horrorizado ante las atrocidades; ante la indiferencia de Dios, y sobre todo porque parecía que Dios estaba causando que esto sucediera.

Estas personas, los babilonios, estaban cometiendo lo que hoy sería considerado atrocidades internacionales por lo que podrían ser llevados ante la Corte Penal Internacional de La Haya para responder por sus crímenes contra la humanidad. Y las cosas empeoraban: los babilonios estaban riéndose, disfrutando de sus conquistas y tomando el crédito de su éxito.

Trataban a la gente como peces en el mar, como animales que tienen que ser cazados y capturados. El pueblo de Habacuc estaba indefenso y sin ayuda como un pez en un anzuelo. Por medio de las imágenes históricas, sabemos que los babilonios algunas veces introducían un gancho en los sensibles labios inferiores de sus cautivos y les encadenaban como peces en una sola fila.[6] También atrapaban a la gente en redes, literalmente, y los mantenían cautivos en dichas redes. Habacuc estaba viendo un holocausto y Dios no hacía algo; de hecho, Dios afirmó que él había enviado a los babilonios y les estaba dando el éxito.

En el versículo 15, vemos que los babilonios estaban felices por esto. Estaban deleitándose alegremente; sin remordimientos, sin culpa y sin dolor por lo que habían hecho.

Finalmente, la exigencia de Habacuc era en esencia, "¿Cuánto tiempo va a durar esto Dios? ¿Seguirán los babilonios saqueando y violando? ¿Vas a dejar que sigan destruyendo personas y matando a pueblos enteros? Pensé que eras el santo, bueno y poderoso Dios, ¿por qué no haces algo? ¡¿Cómo es posible que no sólo lo permitas, sino que incluso provoques todo este mal?! No lo entiendo".

Habacuc se preparó para recibir la respuesta de Dios. Él dijo que esperaría como un guardia militar que se sienta en una torre de vigilancia (2:1). Se preparó para la reprensión de Dios y algún tipo de respuesta, aunque no creo que Habacuc hubiera imaginado cómo podría Dios responder a sus preguntas de manera adecuada. La contradicción entre el carácter de Dios y lo que estaba ocurriendo era demasiado evidente y marcada. Vamos a analizar la respuesta de Dios iniciando en el 2:2.

La Respuesta de Dios

Dios no reprendió al profeta. Nunca dijo a Habacuc que no debería haber hecho ese tipo de preguntas. No se ofendió. Más bien, contestó con claridad y fuerza. Dio a Habacuc tres pasos de acción prácticos antes de darle la parte central de su mensaje.

1. Escribe el mensaje: Regístralo

En aquellos días, la escritura seria se registraba en tablas. Recordemos los Diez Mandamientos inscritos en tablas de piedra. Hoy en día, tenemos la Biblia completa como el mensaje de Dios para nosotros. Debemos escribirla en nuestros corazones. ¿Se imagina lo que sería copiar toda la Biblia? Una cosa es escribir toda la Biblia, pero otra es escribirla a mano ¡y otra cosa más es grabarla con cincel en tablas de piedra! La aplicación para nosotros es escribir el mensaje de Dios en nuestra mente. Le animo a hacer esto con Habacuc leyendo todo el libro varias veces.

2. Da testimonio del mensaje: Dilo

El mensaje que se había escrito ahora podía ser proclamado. Dios quiere que otras personas lo escuchen. El mensaje es un testimonio de lo que Dios ha decretado. El mensaje nos dice quién es Dios y lo que va a suceder. Hoy, y desde la venida de Jesucristo, Dios llama a los cristianos embajadores del mensaje de Jesús. Somos evangelistas, compartamos con el mundo el mensaje del Evangelio. Debemos proclamar el mensaje. ¿Con quién está compartiendo el maravilloso mensaje de Dios?

3. Espera el mensaje: Sucederá a tiempo

Dios nos advierte que el mensaje no va a ocurrir tan rápido como quisiéramos que sucediera, pero sin duda va a suceder y no va a llegar tarde. Desde nuestro punto de vista, frecuentemente parece que Dios está tomando mucho tiempo para actuar, pero desde su perspectiva, el tiempo es siempre justo. La Biblia dice: "*El Señor no tarda en cumplir su promesa, según entienden algunos la tardanza. Más bien, él tiene paciencia con ustedes, porque no quiere que nadie perezca sino que todos se arrepientan*" (2 Pedro 3: 9, NVI). Dios está dando tiempo a la gente. ¡Quiero que Jesús regrese, pero quiero que espere hasta que algunas personas que amo hayan confiado en él!

Uno de los rasgos fundamentales de un creyente maduro es vivir esperando, vivir con expectación y paciencia hasta que Dios cumpla sus promesas. Jesús dice que debemos vivir estando listos, reconociendo que podría llegar en cualquier momento (1 Tesalonicenses 5:1-8). Durante los días difíciles, necesitamos cultivar la gracia de la resistencia, esperando pacientemente. A mí me es muy difícil esperar. No me gusta esperar en la fila de la tienda; me mata estar en una línea lenta. Me enloquece tener que esperar en el teléfono en el tormentoso correo de voz. No me gusta esperar en el tráfico; busco rutas y caminos más rápidos. Básicamente, veo el esperar como una pérdida de tiempo, pero no lo es. Dios quiere que esperemos bien, confiando en sus tiempos para nuestras vidas en las cosas pequeñas y también en las cosas mucho más grandes. Dios dice *"Quédense quietos, reconozcan que yo soy Dios"* (Salmo 46: 10a, NVI).

Una Verdad Clave en 2:4

Encontramos la verdad fundamental de esta sección en Habacuc 2:4. Los versículos 4 y 5 van de la mano, estableciendo un vívido contraste. Las personas injustas y orgullosas perecerán, pero los justos, por la fe, vivirán. El verso 5 amplía el verso 4, cuando describir aún más a este tipo de persona como soberbio y traicionero. Esta persona está completamente confiada en sí misma, e incluso es presuntuosa. Históricamente, así eran los babilonios y por aplicación, describe a muchos hoy en día que se apartan de Dios por su éxito terrenal. La tierra está repleta de este tipo de personas.

Mire la segunda mitad del versículo 4, ya que es una de las frases más importantes de todo el Antiguo Testamento. Kaiser al referirse al *Talmud* judío registra esta famosa observación hecha por el rabino Simlai: "Moisés dio a Israel 613 mandamientos. David los redujo a once [Salmo 15], Miqueas a 3 [Miqueas 6:8], Isaías a 2 [Isaías 56:1], y Habacuc a 1 - "*El justo vivirá por su fe* [Hab. 2:4.]'" Los eruditos judíos sentían que estas pocas palabras resumían todo el mensaje de Dios.[7] Habacuc 2:4 es citado tres veces en el Nuevo Testamento.

El justo vivirá por su fe (fidelidad)

Si se comparan algunas buenas traducciones, se verá que algunas dicen "vivirá por su **fe**" y otros "vivirá por su **fidelidad**." ¿Por qué la diferencia? Y ¿qué importancia tiene si traducimos "fe" o "fidelidad"? Este en realidad es un problema muy grande y vale la pena pensar en esto.

El término hebreo aquí es *'emunah*. El Léxico Hebreo estándar define *'emunah* como "firmeza, solidez, fidelidad. 1. lit. *firmeza, solidez*. 2. *firmeza*. 3. *fidelidad, confianza*".[8] Más que un concepto abstracto, *'emunah* expresa fe en acción.

Hay que tener en cuenta que Pablo citó Habacuc 2:4 en Romanos y en Gálatas para explicar que la salvación se recibe por fe como un don y no por obras de justicia.

Aquí está el problema: ¿"*emuná* en Habacuc 2:4 está representando la fe en Dios que nos justifica o está representando la vida fiel que una persona justa debe tener para agradar a Dios? En el contexto inmediato, Dios estaba respondiendo a la pregunta de Habacuc acerca de la injusta invasión de Babilonia con la que fue brutalmente aplastando su pueblo. La respuesta de Dios fue que Habacuc y su pueblo tenían que ser fieles a Dios al enfrentar esto, y de este modo vivirían.

Sin embargo, en la teología bíblica, el conflicto aparente entre "por la fe" y "por la fidelidad" es una falsa dicotomía. "Vivir fielmente y confiar... están inextricablemente unidos". El término hebreo *'emunah* en todas sus formas y usos abarca tanto la confianza como la fidelidad. El conflicto entre la fe y la fidelidad es artificial. La Biblia no conoce una fe verdadera que no sea fiel. Y una vida de fidelidad proviene de la confianza en nuestro fiel Dios. "En otras palabras, la fe y la fidelidad son dos caras de la misma moneda".[10]

Me gusta esta ilustración de Brucker en su comentario sobre Habacuc: "Si tengo fe en el matrimonio, pero no soy fiel a mi esposa, ¿Tengo fe o vivo por fe? La fe es lo que la fe hace... La fe como abstracción o como aceptación de un principio no es vivir por fe".[11] Es fácil poner demasiado énfasis en una u otra, ya sea por un exceso de énfasis en la responsabilidad humana de vivir una vida fiel o por enfocarse en confiar en Dios descuidando la fiel obediencia a Él. Al encarar el desastre, Habacuc no se estaba hundiendo en la desesperación, sino que vivía con fidelidad a la Palabra de Dios, confiando en que lo que había prometido el Señor, sin duda se cumpliría.

Mencioné que esta frase es citada tres veces en el Nuevo Testamento. Vamos a ver esos pasajes. Pablo citó Habacuc 2:4 como el tema de toda su increíble carta a los Romanos.

De hecho, en el evangelio se revela la justicia que proviene de Dios, la cual es por fe de principio a fin, tal como está escrito: «El justo vivirá por la fe.

Romanos 1:17, NVI

Somos aceptados por Dios mediante la fe en Jesucristo y después vivimos por fe. Bruckner lo explica con esta analogía: "La fe desemboca en la fidelidad tan naturalmente como el agua de un manantial fluye hacia un arroyo". No hay conflicto entre el manantial y el arroyo.[12]

En Gálatas, Pablo citó Habacuc 2:4b para demostrar que el hombre es justificado ante Dios por fe, no por la ley mosaica. Pablo escribió:

Ahora bien, es evidente que por la ley nadie es justificado delante de Dios, porque «el justo vivirá por la fe»

Gálatas 3:11, NVI

La salvación es solamente por fe. Usted no puede alcanzar la gracia de Dios por su propio esfuerzo. Nunca podría hacer las suficientes buenas obras para entrar al cielo. Más bien la salvación es un regalo que se basa en lo que Jesucristo hizo en la cruz. Su salvación no es gratuita; le costó mucho a Dios. Si nunca lo ha hecho, le invito a poner su confianza en Jesucristo como su Salvador. Dios lo perdonará. Él le hará justo ante sus ojos al poner la justicia de Cristo a su favor.

La tercera y última cita del Nuevo Testamento de Habacuc 2:4 está en el libro de Hebreos:

Pero mi justo vivirá por la fe.

Hebreos 10:38, NVI

En el contexto, el autor está animando a los creyentes a permanecer fieles a Dios en medio de las duras pruebas y las difíciles experiencias. Continúe viviendo por fe, obedeciendo fielmente la Palabra de Dios.

Entonces, ¿cuál es el punto de este texto en Habacuc? A pesar de las circunstancias confusas, viva por fe, siguiendo fielmente la Palabra de Dios la cual sin duda se cumplirá. Dios nunca explicó por qué utilizó a los babilonios. Dudo que Habacuc hubiera podido entenderlo y creo que nosotros tampoco podremos entenderlo. El punto es no comprender todo lo que Dios hace y el por qué lo hace, sino confiar en Dios y fielmente seguir su Palabra.

Hace poco recibí una carta de oración de mi amigo Musa Asake, un líder cristiano en Nigeria. Su situación me recuerda a Habacuc. Musa escribe: "El reto para la iglesia en Nigeria sigue siendo crítica. El grupo extremista musulmán [Boko Haram] todavía está ocupado en matar a personas inocentes y quemar lugares de culto con impunidad. Estamos clamando a Dios diariamente, pero también tenemos en mente que su tiempo es diferente al nuestro y por eso vamos a seguir esperando en él; esperando y confiando que este tipo de crueles asesinatos algún día cesen".

Musa lo sabe y Habacuc sabía que Dios es más grande que nosotros. Sus caminos son más altos, están más allá de nuestra comprensión. Y eso es algo bueno. No adoramos a un dios que encaja en nuestras pequeñas mentes. Prácticamente, Dios le dijo a Habacuc que escribiera el mensaje, que diera testimonio del mensaje y que esperara a que se cumpliera el mensaje. Esto se aplica a nosotros hoy en día; escribamos el mensaje de Dios en nuestra mente y compartamos el mensaje con los demás mientras esperamos el retorno de Jesús.

Habacuc nos muestra que podemos ir a Dios con nuestras preguntas más difíciles y frustraciones. En un mundo agitado, podemos confiar en el carácter inamovible de Dios. La respuesta final a nuestro clamor de "¡¿Por qué?!" es el eterno "¡¿Quién !" Cuando las cosas se están sacudiendo, confiamos en Aquel que es inquebrantable. Lea una vez más el famoso final de Habacuc con el que cerramos cada capítulo:

17 *Aunque la higuera no dé renuevos,*
ni haya frutos en las vides;

aunque falle la cosecha del olivo,
y los campos no produzcan alimentos;
aunque en el aprisco no haya ovejas,
ni ganado alguno en los establos;
[18] *aun así, yo me regocijaré en el SEÑOR,*
¡me alegraré en Dios, mi libertador!
[19] *El SEÑOR omnipotente es mi fuerza;*
da a mis pies la ligereza de una gacela
y me hace caminar por las alturas.
Al director musical. Sobre instrumentos de cuerda.

-Habacuc 3:17-19

En el siguiente capítulo, veremos que aún Babilonia tuvo que rendirle cuentas a Dios, como todas las demás personas.

Incorpora tu propia respuesta *¿Qué pienso yo?*

En esencia, ¿Qué es lo que Dios nos está diciendo en este texto?

¿Cuál es el punto principal del pasaje? Tómese su tiempo para pensar y escriba una declaración de una sola frase que resuma el punto principal.

¿Cómo respondió o no respondió Dios a las preguntas de Habacuc? Después, escriba Habacuc 2:4 con sus propias palabras. ¿Qué nos está diciendo Dios en este versículo?

Inicialmente, ¿Qué cree que el Espíritu de Dios le está dirigiendo hacer en respuesta a este pasaje? Esto podría ser un cambio en sus pensamientos acerca de Dios, cambiar una actitud, o poner en acción algo. Usted refinará su respuesta cuando llegue a la sección "Se obediente".

O Opina junto con otros: *¿Qué pensamos juntos?*

1. ¿Cuándo ha sido sacudida su fe en Dios? ¿Qué sucedió? ¿Cuáles son algunas de las preguntas más difíciles que desea hacerle a Dios respecto a lo que ha hecho o no hizo?

2. ¿Qué dice Habacuc acerca del carácter de Dios en 1:12-13? ¿Cuál de estos rasgos de Dios son más importantes para usted en este momento?

3. ¿Cuál fue la queja de Habacuc hacia Dios? ¿Qué tipo de preguntas similares hacemos en la actualidad? ¿En qué formas Dios no tiene sentido para usted en ocasiones?

4. Dios le dio a Habacuc tres pasos de acción prácticos. ¿Cuáles son? ¿En qué forma podríamos llevar a cabo cada uno de estos?

5. ¿Cuáles son las conexiones entre "fe" y "fidelidad"? ¿Qué significa "vivir por fe (fidelidad)"?

6. ¿Cómo usó cada escritor del Nuevo Testamento Habacuc 2: 4 en los siguientes versículos?

Romanos 1:17

Gálatas 3:11

Hebreos 10:38

7. Lea en voz alta la afirmación final en Habacuc 3:17-19. Posiblemente que desee leerlo en varias traducciones.

S Se obediente *¿Qué voy a hacer?*

Al reflexionar sobre su estudio de Habacuc 1:12-2: 4, ¿Cómo lo va a poner en acción? Dios nos llama no sólo a conocer su Palabra, sino también a someternos a ella, para ser transformados a través de su Espíritu. ¿Cómo debe vivir por fe / fidelidad? Escriba lo que va a hacer en respuesta a la Palabra de Dios. ¿Qué cree que el Espíritu le está dirigiendo hacer en su vida?

3

Guía de estudio

Dios, ¡Tú lo corregirás!

Habacuc 2: 6-20

Oración

S Siempre Define el Tema: *¿Cuál es realmente el problema?*

Si nos fijamos en nuestra propia sociedad y el estado del mundo, veremos grandes problemas. Me pregunto qué es lo que Dios ve. Dios le dijo a Habacuc lo que veía y lo que haría con Babilonia. ¿Hay similitudes con nuestros problemas actuales?

Los versículos 2:14 y 2:20 se levantan como montañas de la verdad divina con respecto a quién es Dios y lo que va a hacer un día. ¿Cómo ve usted el futuro?

¿Cuál es el tema? ¿Cuál es el tema o cuestión central que se aborda? ¿Cuál es el principal problema para usted en su vida?

Anote el principal problema(s).

A Aprende de las Escrituras: *¿Qué dice Dios?*

Lea el pasaje lentamente, marcando lo que le parece importante. Marque las palabras o frases que se repiten. Use paréntesis u otra marca para indicar las cinco estrofas en este pasaje. Debido a que este pasaje está lleno de lenguaje poético, se dará cuenta de que mientras las compara, tienden a diferir aquí más que en otras secciones de Habacuc.

Habacuc 2:6-20

6 *Y éstos lo harán objeto de burla*
en sus sátiras y adivinanzas.
»¡Ay del que se hace rico con lo ajeno
y acumula prendas empeñadas!
¿Hasta cuándo seguirá con esta práctica?
7 *¿No se levantarán de repente tus acreedores?*
¿No se despertarán para sacudirte
y despojarte con violencia?
8 *Son tantas las naciones que has saqueado,*
que los pueblos que se salven te saquearán a ti;
porque es mucha la sangre que has derramado,
y mucha tu violencia contra este país,
contra esta ciudad y sus habitantes.
9 *»¡Ay del que llena su casa de ganancias injustas*
en un intento por salvar su nido
y escapar de las garras del infortunio!
10 *»Son tus maquinaciones la vergüenza de tu casa:*
exterminaste a muchas naciones,
pero causaste tu propia desgracia.
11 *Por eso hasta las piedras del muro claman,*
y resuenan las vigas del enmaderado.

12 »¡Ay del que construye una ciudad con asesinatos
y establece un poblado mediante el crimen!
13 ¿No ha determinado el SEÑOR Todopoderoso
que los pueblos trabajen para el fuego
y las naciones se fatiguen por nada?
14 Porque así como las aguas cubren los mares,
así también se llenará la tierra
del conocimiento de la gloria del SEÑOR.
15 »¡Ay de ti, que emborrachas a tu prójimo!
¡Ay de ti, que lo embriagas con vino
para contemplar su cuerpo desnudo!
16 Con esto te has cubierto de ignominia y no de gloria.
¡Pues bebe también tú, y muestra lo pagano que eres!
¡Que se vuelque sobre ti la copa de la diestra del SEÑOR,
y sobre tu gloria, la ignominia!
17 ¡Que te aplaste la violencia que cometiste contra el Líbano!
¡Que te abata la destrucción que hiciste de los animales!
¡Porque es mucha la sangre que has derramado,
y mucha tu violencia contra este país,
contra esta ciudad y sus habitantes!
18 »¿De qué sirve una imagen,
si quien la esculpe es un artesano?
¿De qué sirve un ídolo fundido,
si tan sólo enseña mentiras?
El artesano que hace ídolos que no pueden hablar
sólo está confiando en su propio artificio.
19 ¡Ay del que le dice al madero: "Despierta",
y a la piedra muda: "Levántate"!
Aunque están recubiertos de oro y plata,
nada pueden enseñarle,

pues carecen de aliento de vida.

20 *En cambio, el SEÑOR está en su santo templo;*

¡guarde toda la tierra silencio en su presencia!»

Al observar la introducción de esta sección en el verso 6, ¿Quién pronunciará estas palabras? ¿Cuándo? ¿A quién?

¿Cuál es la pequeña frase que se repite cinco veces? Eche un vistazo a algunas otras traducciones. ¿Cómo traducen esta misma frase?

¿En qué son similares algunos de los juicios en cada una de las cinco "aflicciones" a los pecados de aquel que está siendo juzgado?

Escriba breves frases que resuman cada una de las cinco lamentaciones.

¿En qué forma los versículos 2:14 y 2:20 se destacan como especiales en este pasaje?

¿Qué pasará con los que se embriagan y son sexualmente inmorales?

Escriba una paráfrasis de la crítica de Habacuc hacia los ídolos.

¿De qué manera responde la tierra a Dios en el 2:20? ¿Cuándo sucederá esto? ¿Cómo debemos responder a Dios hoy en día?

B Busca otras fuentes: *¿Qué dicen otras personas sabias?*

Lea el capítulo 3 o vea la presentación en video de este capítulo en inglés. Puede acceder el material en BruceBMiller.com. En la medida en que tenga tiempo y pueda, lea la sección correspondiente de uno de los estudios recomendados. También puede ver los recursos disponibles en Bible.org.

Dios, ¡Tú lo corregirás!

Habacuc 2:6-20

A veces la vida tiene diferentes maneras de sacudirnos; algunas veces sacude nuestra fe. Mientras aprendemos cómo aferrarnos al Dios inquebrantable cuando no tiene sentido, entramos en la tercera sección de Habacuc; las cinco aflicciones o lamentaciones.

Habacuc

Capítulo 1a 1:1-11	Capítulo 1b 1:12–2:5	Capítulo 2 2:6–20	Capítulo 3 3:1–19
Observación	Espera	Advertencia	Adoración
Preguntas	Fe	Cinco lamentaciones	Canto de alabanza

"6 Y éstos lo harán objeto de burla
en sus sátiras y adivinanzas.
»¡Ay del que se hace rico con lo ajeno
y acumula prendas empeñadas!
¿Hasta cuándo seguirá con esta práctica?
7 ¿No se levantarán de repente tus acreedores?
¿No se despertarán para sacudirte
y despojarte con violencia?
8 Son tantas las naciones que has saqueado,
que los pueblos que se salven te saquearán a ti;
porque es mucha la sangre que has derramado,

y mucha tu violencia contra este país,
contra esta ciudad y sus habitantes.
9 *»¡Ay del que llena su casa de ganancias injustas*
en un intento por salvar su nido
y escapar de las garras del infortunio!
10 *»Son tus maquinaciones la vergüenza de tu casa:*
exterminaste a muchas naciones,
pero causaste tu propia desgracia.
11 *Por eso hasta las piedras del muro claman,*
y resuenan las vigas del enmaderado.
12 *»¡Ay del que construye una ciudad con asesinatos*
y establece un poblado mediante el crimen!
13 *¿No ha determinado el SEÑOR Todopoderoso*
que los pueblos trabajen para el fuego
y las naciones se fatiguen por nada?
14 *Porque así como las aguas cubren los mares,*
así también se llenará la tierra
del conocimiento de la gloria del SEÑOR.
15 *»¡Ay de ti, que emborrachas a tu prójimo!*
¡Ay de ti, que lo embriagas con vino
para contemplar su cuerpo desnudo!
16 *Con esto te has cubierto de ignominia y no de gloria.*
¡Pues bebe también tú, y muestra lo pagano que eres!
¡Que se vuelque sobre ti la copa de la diestra del SEÑOR,
y sobre tu gloria, la ignominia!
17 *¡Que te aplaste la violencia que cometiste contra el Líbano!*
¡Que te abata la destrucción que hiciste de los animales!
¡Porque es mucha la sangre que has derramado,

y mucha tu violencia contra este país,
contra esta ciudad y sus habitantes!
18 *»¿De qué sirve una imagen,*
si quien la esculpe es un artesano?
¿De qué sirve un ídolo fundido,
si tan sólo enseña mentiras?
El artesano que hace ídolos que no pueden hablar
sólo está confiando en su propio artificio.
19 *¡Ay del que le dice al madero: "Despierta",*
y a la piedra muda: "Levántate"!
Aunque están recubiertos de oro y plata,
nada pueden enseñarle,
pues carecen de aliento de vida.
20 *En cambio, el SEÑOR está en su santo templo;*
¡guarde toda la tierra silencio en su presencia!»

La fe madura confía humildemente en el Dios que nunca podremos entender completamente. Al enfrentar el mal y el sufrimiento, confiamos en el Señor Dios quien un día llenará la tierra con su gloria.

En el siguiente pasaje, obtendremos un adelanto de lo que le sucederá a los que son injustos y orgullosos.

Una profunda pregunta para la gente de los días de Habacuc sería ¿cómo vivir fielmente a Dios mientras estaban siendo oprimidos cruelmente por los malvados babilonios? Su clamor ha hecho eco a lo largo de la historia y hasta el día de hoy por aquellos que son víctimas; por aquellos que están siendo oprimidos por los poderosos; quienes muchas veces son crueles. Imaginemos a los judíos en la Alemania nazi. Pensemos en los esclavos del siglo XIX en Estados Unidos. ¿Qué pasa con la gente que actualmente es maltratada injustamente por su fe, color, sexualidad, condición de delincuentes o por ser inmigrantes? ¿Qué pasa con las personas oprimidas en Corea del Norte o la República Centroafricana o en el norte de Nigeria? ¿Cómo podemos vivir fielmente, mientras estamos sufriendo?

El texto de hoy nos da una idea de cómo resistir bien. Da voz a las víctimas transformándolas en sobrevivientes; le da esperanza a los desesperados y paz a los que están en un gran dolor.

Antes de llegar al texto mismo, tenemos que entender su forma literaria, porque este pasaje es culturalmente distante de nosotros. He tenido algunas ideas nuevas que me representan un reto, creo que en parte se debe a que no me son familiares.

Vamos a leer el primer verso de nuestro pasaje que nos permite anticipar el resto del pasaje. Habacuc 2:6:

Y éstos lo harán objeto de burla
en sus sátiras y adivinanzas.

Quienes pronuncian estas palabras son las naciones, aquellas que están siendo oprimidas. Éstas se burlarán y "lo" ridiculizarán. Este "lo" es la tirana Babilonia, la cual es sinónimo de las naciones y aunque históricamente lo fue, también representa a todos los opresores orgullosos. Lo que sigue es una canción de burla de cinco estrofas. Cada uno tiene la palabra hebrea, Ay, que es una onomatopeya. Ésta significa aflicción o lamento. Era utilizado en los funerales como un gemido o lamento por los muertos. Dios le dio a Habacuc un canto fúnebre para ridiculizar a los opresores babilónicos. Aunque parece que los orgullosos y crueles opresores estaban ganando en ese entonces, las víctimas cantaron una canción de lamento por los que pronto estarían muertos. Los babilonios estaban al borde de la muerte y no lo sabían. Las víctimas justas por la fe vivirían, pero los orgullosos vencedores temporales estaban a punto de morir por lo que estaban teniendo un funeral adelantado.

Babilonia parecía invencible, al igual que todos los grandes imperios en la historia, pero al final, todos cayeron.

En una serie de cinco oráculos burlones, Dios dio a las víctimas una poderosa voz de esperanza, justicia y victoria. Cada una de estas cinco lamentaciones describe el pecado del impío y el juicio correspondiente que habría de venir. Esta serie de lamentos muestra que en última instancia, el pecado, el mal, el crimen, la injusticia, la opresión y la inmoralidad están condenados a la destrucción. Como respuesta a las preguntas de Habacuc, Dios en esencia dijo, "Estoy en mi trono; Veo lo que está sucediendo y voy a hacer algo al respecto con mucha seriedad". "Mía es la venganza... dice el Señor" (Romanos 12:19, RV60).

Lo que me sorprende es que estos versos de condenación fueron cantados por las víctimas a sus captores. Dios nos da este fuerte lenguaje como semillas de esperanza, convirtiendo a las indefensas víctimas en sobrevivientes llenas de esperanza. Los orgullosos malos piensan que están en la cima de la montaña, pero serán destruidos mientras sus víctimas, que parecieran estar derrotados, en realidad van a vivir para siempre en el poder de Dios. Dios le da poder a las víctimas y les da una voz.

No parece adecuado burlarse de nuestros enemigos o regocijarnos por su caída. ¿Dónde se nos dice que debemos ridiculizar a alguien? Es de ayuda ver un pasaje paralelo en Apocalipsis 18, donde vemos tres lamentos sobre Babilonia, los cuales todavía representan a todas las personas impías y poderosas. En Apocalipsis 18:20, los piadosos se deben alegrar de la caída de Babilonia. Aprendemos que es apropiado regocijarse en la justicia. En resumen, es la trama de muchas películas, los malos pierden; los buenos ganan. Y lo aplaudimos. Cuando el pecado distorsiona este sano gozo sobre la justicia es cuando se distorsiona en venganza. No debemos ir a nuestros opresores para alegrarnos por su caída. Más bien, debemos regocijarnos en la victoria de Dios sobre el mal; debemos deleitarnos en que se haga justicia y en que todo sea justo.

Por aplicación, podemos ver tres poderosas implicaciones de estas cinco condenaciones: en primer lugar, funcionan como una advertencia para el pueblo de Dios sobre los pecados que debemos evitar; En segundo lugar, advierten a los impíos para que se arrepientan; y en tercer lugar, nos aseguran que Dios corregirá las cosas. Podemos confiar en él. Vemos una correlación de las medidas prácticas de la última sección con escribir el mensaje en nuestros corazones, de dar testimonio del mensaje con el esperar el mensaje.

La Segunda Respuesta de Dios	Las Cinco Lamentaciones
Escribe el mensaje	Advertencia al pueblo de Dios sobre los pecados que deben evitar
Da testimonio del mensaje	Advertencia a los impíos para que se arrepientan
Espera el mensaje	Seguridad de que Dios lo corregirá

Mientras recorre las cinco estrofas, busque la irónica lamentación contra el orgulloso pueblo que piensa que ha logrado tener seguridad y es intocable. Observe cómo el pecado lo alcanzará. Usted cosecha lo que siembra. Frecuentemente el castigo iguala al pecado. El que construye será derribado; el que avergüenza a los demás será deshonrado. Los pecadores degustarán el dolor que su pecado ha causado.[14] En hebreo, esta sección está llena de muchos recursos poéticos que agudizan el punto. Incluso la estructura es artística.

Lamentación 1	Lamentación 2	Lamentación 3	Lamentación 4	Lamentación 5
2:6–8	2:9–11	2:12–14	2:15–17	2:18–20
2:8		2:14	2:17	2:20

Las cinco lamentaciones forman grupos. Un grupo está integrado por la primera y segunda lamentaciones, otro grupo es la cuarta y quinta lamentación junto con la tercera en el centro. Las líneas finales del primero se repiten así como el final de la cuarta, y nos encontramos con la verdad fundamental en el centro, en el verso 14 y al final en el versículo 20. Lea Habacuc 2:6-20 de nuevo, escuche las advertencias de Dios. En la versión Traducción en Lenguaje Actual (TLA), el hebreo *Ay*, se traduce por "¡qué mal te va ir!."

¿Cuál es el punto de este sorprendente texto? El Señor juzgará a los impíos y llenará la tierra con su gloria, así que cante la verdad para advertirse a sí mismo para no volver a pecar, para advertir al impío sobre la condenación divina y para asegurarse de que Dios va a corregir las cosas. Un día, se hará justicia. Dios vindicará su nombre y, finalmente, pondrá todo en orden. Vamos a revisar cada lamento.

Primera Lamentación
La gente codiciosa pagará un alto precio
Versos 6–8

Las personas orgullosas que se enriquecen a través de medios legales e ilegales serán atacados por sus acreedores. Los que han robado a otros, se les robará. Los que han explotado a otros; ahora serán explotados. Los que han victimizado financieramente a los demás es como si estuvieran muertos. Su pecado ha llegado a consumarse. La Biblia dice: "No se engañen: de Dios nadie se burla. Cada uno cosecha lo que siembra". (Gálatas 6:7, NVI).

En nuestra cultura de consumismo, materialismo y obsesión por el dinero y por lo que puede comprar, tenemos que escuchar esta advertencia. A nivel mundial, se ve a los estadounidenses como excesivamente consumistas, sean cristianos o no.

Observe las atemorizadoras palabras del verso 7, "de repente". En hebreo significa "en un abrir y cerrar de ojos". Dios es paciente durante mucho tiempo pero después, esto termina.

Proverbios dice: "El que es reacio a las reprensiones será destruido de repente y sin remedio". (Proverbios 29:1, NVI). No nos atrevamos a hacer suposiciones sobre la paciencia y la misericordia de Dios. El juicio viene y cuando llegue, será repentino, incluso no habrá previo aviso. No espere más para enderezar su vida con Dios.

La última línea se repite en el versículo 17 y muestra que los babilonios habían violentado no sólo a otras personas, sino incluso a la tierra. Habían talado bosques y aniquilado animales. No habían tenido cuidado del mundo que Dios nos dio. Dios no estaba contento. En resumen, tenemos que escuchar la advertencia de Dios en contra de nuestra propia avaricia; tenemos que advertir a la gente orgullosa que el juicio se acerca y estemos seguros de que Dios corregirá todo.

Segunda Lamentación
Los maquinadores serán avergonzados
Versos 9–11

La segunda condenación comienza en el versículo 9 y resalta a los que tratan de encontrar seguridad al construir su imperio a través de sus planes. Con su injusta ganancia, la cual se describe en la primera lamentación, construyen sus nidos muy en lo alto, pensando que están creando seguridad y que escaparán de los desastres, pero están totalmente equivocados. Todo esto es un gran engaño. Sus maquinaciones no darán seguridad a su dinastía, sino que en realidad avergonzarán a su familia. En lugar de construir una fortaleza segura, están sentando las bases para su destrucción. Las personas ricas y poderosas intentan construir legados de poder e influencia a menudo en formas oscuras.

Pero Dios dice que las piedras de sus paredes clamarán contra ellos. Sus obras responderán contra el injusto y orgulloso edificio de su imperio. Con este lamento, advertimos a los impíos que no importa lo ricos que sean, no importa lo que inviertan en su jubilación, no están seguros. Con esta burla, nos advertimos a nosotros mismos para no ser seducidos por la tentación de encontrar seguridad en construir nuestro nido en lo alto. Hay que evitar los planes de hacerse rico para encontrar seguridad en esta vida. Por último podemos estar seguros de que Dios corregirá todas las cosas. Estos orgullosos maquinadores serán avergonzados. La tercera lamentación es directamente para los constructores del imperio.

Tercera Lamentación
Los injustos constructores serán como humo
Versos 12–13

Los babilonios construyeron su imperio sobre las espaldas de los esclavos a quienes trataron brutalmente. Pensaron que habían obtenido un gran logro ganándolo con su poder y su arduo trabajo, pero el orgullo cae con fuerza. Dios no estaba impresionado. Buscando su propia gloria, vieron cómo se convertían en humo todos sus esfuerzos. Todos sus logros humanos obtenidos por su agotador trabajo no tendrían valor. Construyeron templos, fortalezas, grandes ciudades y jardines, maravillas del mundo antiguo. Todo se convirtió en humo.

Entienda que la vida no se halla en la construcción de nuestros pequeños imperios. Advierta a los poderosos que todo lo que han logrado con mucho sudor se convertirá en humo en un instante. Dios dice en el versículo 13 que podemos "estar seguros de esto". El Señor que comanda los ejércitos lo ha decretado. Así sucederá.

Ahora llegamos a la primera de las dos impresionantes verdades divinas que dan a las víctimas una confianza suprema. Está justo en el centro de nuestro texto. Así dice Habacuc 2:14 en la Nueva Versión Internacional: "Porque así como las aguas cubren los mares, así también se llenará la tierra del conocimiento de la gloria del SEÑOR".

La suprema majestad del Señor llenará la tierra

Versos 14

Los babilonios y todas las personas autosuficientes han cambiado la gloria de Dios por su propia gloria. En lugar de vivir por fe, están muriendo por su esfuerzo humano. El orgullo mata. La fe vivifica. Tenga la seguridad de que sin importar cómo se vean las circunstancias el día de hoy, sin importar que esté siendo oprimido cruelmente por los poderosos, la gloria de Dios llenará la tierra. La gloria de Dios es su presencia manifiesta, su majestad soberana. La gloria es la expresión externa del ser de Dios.

El conocimiento de su gloria significa más que la conciencia cognitiva, significa experimentar personalmente su majestad suprema. Hoy en día, no importa lo que estemos viviendo, las personas de fe tenemos la absoluta seguridad de que la gloria de Dios cubrirá la tierra, y todo el mundo conocerá su majestad suprema.

La revelación de la gloria de Dios en la tierra es posible a causa de Jesucristo, quien vino a mostrarnos la gloria de Dios. Pablo dice: "Porque Dios, que ordenó que la luz resplandeciera en las tinieblas, hizo brillar su luz en nuestro corazón para que conociéramos la gloria de Dios que resplandece en el rostro de Cristo" (2 Corintios 4:6, NVI).

Hoy en día podemos conocer algo de la gloria de Dios a través de la fe en Jesucristo. Ore para que por el Espíritu "puedan comprender, junto con todos los santos, cuán ancho y largo, alto y profundo es el amor de Cristo; [19]en fin, que conozcan ese amor que sobrepasa nuestro conocimiento, para que sean llenos de la plenitud de Dios" (Efesios 3: 18-19, NVI). Después, un día, veremos al Señor cara a cara y conoceremos personalmente su majestad suprema la cual llenará la tierra.

Cuarta Lamentación
Los inmorales serán deshonrados
Versos 15–17

Con un lenguaje gráfico, Dios se burló de los inmorales babilonios. El alcohol y el sexo han sido una mala combinación que por miles de años han llevado al libertinaje y la vergüenza. La gente rica y poderosa ha organizado borracheras donde la gente se deshonra así misma. Así como habían tratado a los demás, tomando ventaja de ellos sexualmente, tendrán que pagar totalmente por sus actos. Los que se han emborrachado con vino beberán la copa de la ira de Dios. Una posible traducción gráfica es que vomitarán vergüenza sobre su gloria. Imagínese eso. Es la fea experiencia de una resaca pero a gran escala.

Hoy en día en una cultura llena de adicción y obsesión sexual, necesitamos esta advertencia. El pecado trae su terrible recompensa. El abuso del alcohol y la actividad sexual inmoral trae una terrible vergüenza y autodestrucción. Esta cuarta condenación termina repitiendo la última línea de la primera condenación en el versículo 8 como un estribillo de advertencia contra la violencia.

Quinta Lamentación
Los idólatras encontrarán una muerte silenciosa
Versos 18–19

Las personas que adoran ídolos descubrirán que esos ídolos no tienen poder. No pueden hablar y no tienen vida, están muertos. Son inútiles. Los ídolos son hechos por seres humanos y no pueden hacer nada.

Hoy nos es muy fácil adorar otras cosas fuera de Dios. Confiamos en nosotros mismos y en lo que construimos o compramos. En hebreo, estas líneas se acercan a lo ridículo cuando el orador se burla: "¿Por qué no le piden al ídolo que se despierte? Es mudo y está muerto". En un gran contraste, el Señor, el verdadero Señor Dios, habla, está despierto, nos guía y nos da aliento de vida. Él es la Vida y el dador de la vida.[15] Así que ahora llegamos al final, las últimas líneas poderosas del verso 20: "En cambio, el SEÑOR está en su santo templo; ¡guarde toda la tierra silencio en su presencia!" (Habacuc 2:20, NVI).

Guarde silencio en su presencia

Verso 20

La palabra hebrea para "guardar silencio" es *hāsâh*. Puede ser traducida como, silencio, *hāsâh*. Habacuc nos llama a la reverencia silenciosa, a la respetuosa lealtad al Señor, quien se sienta en su majestuoso palacio como el legítimo Rey del mundo. Cuando usted verdaderamente abre los ojos para ver al incomparable Dios, se queda sin habla. No hay palabras que decir, solo podemos ponernos de rodillas en admiración y adoración, con una gran confianza ante el impresionante Dios de todos.

En respuesta a las apremiantes preguntas de Habacuc, Dios dio una potente y sorprendente respuesta. Nuestro silencio ante él no sólo es un silencio reverencial, sino el reconocimiento de que ha de juzgar a los impíos. Este silencio hace un marcado contraste con la frenética actividad de los impíos para construir su imperio, quienes se deshonraban a sí mismos y gastaban su dinero en ídolos sin vida.

Dios nos dice que el justo vivirá por la fe y la fidelidad, mientras que los malos cosecharán lo que sembraron. Dios corregirá todas las cosas. Hasta ese momento, Dios da a las víctimas el don de una canción que ofrece una advertencia y una esperanza. Esta canción transforma a las indefensas víctimas en esperanzados sobrevivientes.

Tomamos estas cinco lamentaciones como advertencias para nosotros y para nuestros hijos contra la codicia, injusticia, violencia, inmoralidad y la confianza en las cosas creadas. Las escribimos en nuestros corazones. Tomamos estas lamentaciones como una advertencia para los impíos por lo que les compartimos el mensaje de Dios. Tengan cuidado: Dios traerá vergüenza y desgracia sobre ustedes. Ustedes se autodestruirán y probarán la ira de Dios.

El juzgará a los impíos. La única esperanza para cualquier ser humano es encontrar la seguridad en Jesucristo nuestro Salvador. Todos hemos pecado. Todos hemos tratado de construir orgullosamente nuestra propia seguridad, separados de Dios. La única esperanza es poner nuestra fe en Aquel que vino para salvarnos de nosotros mismos, en Aquel que da la vida eterna.

Aunque Habacuc no recibió respuestas detalladas en cuanto a por qué Dios estaba haciendo justo lo que estaba haciendo, aprendió más sobre los misteriosos caminos de Dios y nosotros también. No podemos entender todo de Dios, y eso es bueno. Dios es Dios y nosotros no. Él nunca cabrá en nuestros pequeños cerebros.

Con este texto, hemos aprendido que el Señor juzgará a los impíos y llenará la tierra con su gloria para que podamos cantar la verdad que nos advierte para no pecar, para advertir al impío de la condenación divina y para darnos seguridad de que Dios corregirá las cosas. Quien gobierna la tierra es el Señor de los ejércitos y no Babilonia. Incluso cuando parece que las fuerzas de la oscuridad están apagando toda la luz, es solamente temporal. Dios va a inundar la tierra con su brillante gloria.

Habacuc nos muestra que podemos ir a Dios con nuestras preguntas y frustraciones aunque sean difíciles. En un mundo sacudido, podemos confiar en el carácter inamovible de Dios. La respuesta final a nuestro clamor de "¡¿Por qué?!" es el eterno "¡¿Quién?!" Cuando las cosas se están sacudiendo, confiemos en Aquel que es inamovible. Pase al famoso coro del final de Habacuc:

Aunque la higuera no dé renuevos,
ni haya frutos en las vides;
aunque falle la cosecha del olivo,
y los campos no produzcan alimentos;
aunque en el aprisco no haya ovejas,
ni ganado alguno en los establos;

aun así, yo me regocijaré en el SEÑOR,
¡me alegraré en Dios, mi libertador!
El SEÑOR omnipotente es mi fuerza;
da a mis pies la ligereza de una gacela
y me hace caminar por las alturas.
Al director musical. Sobre instrumentos de cuerda.

-Habacuc 3:17-19

Teniendo en mente el versículo 2:20, creo que es apropiado que antes de llegar al capítulo final de este libro, tomemos un momento para estar en silencio ante el Señor.

Hāsâh. Silencio.

Incorpora tu propia respuesta *¿Qué pienso yo?*

En esencia, ¿Qué es lo que Dios nos está diciendo con este texto? ¿Cuál es el punto principal del pasaje? Escriba en una sola declaración el punto principal.

¿Por qué va a juzgar Dios a Babilonia y cómo lo va a hacer?

Inicialmente, ¿En qué forma cree que el Espíritu de Dios lo está moviendo a responder a este pasaje? ¿En qué cosas usted es culpable de algunas de las mismas cosas que Babilonia hizo? ¿De cuáles podría arrepentirse? ¿De qué manera las promesas de Dios en 2:14 y 2:20 le impactaron a usted? Usted refinará su respuesta cuando llegue a la sección "Sé obediente".

O Opina junto con otros: *¿Qué pensamos juntos?*

1. ¿En qué ocasiones se ha sentido sacudido por las tormentas de la vida? ¿Qué le está sacudiendo ahora?

EL AFAN

2. ¿Quién está personificando el verso 6 en este pasaje? ¿Quién está hablando con quién? ¿Qué tipo de literatura es esta?

LAS NACIONES OPRIMIDAS

3. Habacuc nos da cinco estrofas, cada una con una "lamentación" o un "ay" para los babilonios. ¿Quién podría representar a los babilonios hoy? Con cada lamentación, podemos escuchar una advertencia para que nosotros evitemos el pecado; una advertencia para los impíos de que el pecado será juzgado y la seguridad de que Dios va a corregir las cosas. Identifique los tipos de pecados que se señalaron, y el castigo venidero. A continuación, considere qué advertencias debemos tomar para nosotros mismos en referencia a cada lamento.

a. Primera lamentación (versículos 6b-8)

NO CODICIAR

b. Segunda lamentación (versos 9-11)

NO CONFIAR EN NOSOTROS MISMOS

c. Tercera lamentación (versos 12-14)

LA INJUSTICIA

d. Cuarta lamentación (versos 15-17)

LA INMORALIDAD

e. Quinta lamentación (versos 18-20)

LA IDOLATRIA

4. ¿Qué seguridad podemos ver en el centro de nuestro pasaje (versículo 14)? ¿En qué forma le da confianza esta verdad hoy en día?

5. ¿Cuál es la respuesta final en el último verso (20)? ¿Cómo podemos responder de esa manera el día de hoy?

6. ¿Cómo respondió Dios a Habacuc? Y ¿cómo podemos aplicar su respuesta para nosotros en la actualidad?

7. Lea Habacuc 3:17-19 en voz alta.

S Se obediente *¿Qué voy a hacer?*

Al reflexionar sobre su estudio de Habacuc 2:5-20, ¿cómo va a pasar a la acción? ¿Qué cree que Dios quiere transformar en usted a través de este texto? Escriba qué va a hacer de manera diferente. Esto podría ser transformar algo en su mente, en su corazón, en sus acciones o en una relación con otra persona. Refine su respuesta a la pregunta 3 en "Incorpora tu propia respuesta".

- ¿QUIEN ES DIOS? Y COMO ME VEO EN UN FUTURO?

DONDE ESTA MI ESPERANZA?

- ROMANOS 8:28

LA SAVACIÓN NO SE PIERDE.

4
Guía de estudio

Dios, ¡te adoramos!

Habacuc 3:1-19

Oración

S Siempre Define el Tema: *¿Cuál es realmente el problema?*

A veces nos preguntamos cómo será la aparición de Dios en la tierra. Este texto nos abre los ojos para poder ver la venida de Dios. Habacuc estaba abrumado. Me pregunto cómo responderíamos.

¿Qué tipos de oraciones hace? Este tercer capítulo de Habacuc es una oración diferente a cualquier oración que la mayoría de nosotros haya hecho. Termina con la famosa declaración que compite con el versículo 2:4 como la parte más memorable de Habacuc.

¿Qué asuntos aborda la declaración final? ¿Qué preguntas responde?

¿Cuál es el tema? ¿Cuál es el tema o cuestiones centrales que se están abordando? ¿Cuál es el principal problema para usted?

Anote el principal problema (s).

A Aprende de las Escrituras: *¿Qué dice Dios?*

Lea el pasaje lentamente, subrayando lo que le parece importante. Observe la estructura desde la introducción, la propia oración y la respuesta de Habacuc en su declaración final. Marque las diferentes secciones. Tenga en cuenta que es más probable que *Selah* sea una nota musical.

Habacuc 3:1-19

Oración del profeta Habacuc, en tono de Sigionot (Canto vehemente).

²Oh SEÑOR, he oído lo que se dice de Ti y temí.
Aviva, oh SEÑOR, Tu obra en medio de los años,
En medio de los años dala a conocer;
En la ira, acuérdate de tener compasión.
³Dios viene de Temán,
Y el Santo, del Monte Parán. (Selah[a])
Su esplendor cubre los cielos,
Y de Su alabanza está llena la tierra.
⁴Su resplandor es como la luz;
Tiene rayos que salen de Su mano,
Y allí se oculta Su poder.
⁵Delante de El va la pestilencia,
Y la plaga sigue Sus pasos.
⁶Se detuvo, e hizo temblar la tierra,
Miró e hizo estremecerse a las naciones.
Sí, se desmoronaron los montes perpetuos,
Se hundieron las colinas antiguas.

Sus caminos son eternos.

7 *Bajo aflicción vi las tiendas de Cusán,*

Temblaban las tiendas de la tierra de Madián.

8 *¿Te indignaste, SEÑOR, contra los ríos?*

¿Contra los ríos fue Tu ira,

Contra el mar Tu furor,

Cuando montaste en Tus caballos,

En Tus carros de victoria?

9 *Tu arco fue desnudado por completo,*

Las varas de castigo fueron juradas. (Selah)

Con ríos hendiste la tierra.

10 *Te vieron los montes y temblaron,*

El diluvio de aguas pasó;

Dio el abismo su voz,

Levantó en alto sus manos.

11 *El sol y la luna se detuvieron en su sitio;*

A la luz de Tus flechas se fueron,

Al resplandor de Tu lanza fulgurante.

12 *Con indignación marchaste por la tierra;*

Con ira pisoteaste las naciones.

13 *Saliste para salvar a Tu pueblo,*

Para salvar a Tu ungido.

Destrozaste la cabeza de la casa del impío,

Descubriéndolo de arriba abajo. (Selah)

14 *Traspasaste con sus propios dardos*

La cabeza de sus guerreros

Que irrumpieron para dispersarnos;

Su regocijo fue como el de los que devoran en secreto a los oprimidos.

15 Marchaste por el mar con Tus caballos,
En el oleaje de las inmensas aguas.
16 Oí, y se estremecieron mis entrañas;
A Tu voz temblaron mis labios.
Entra podredumbre en mis huesos,
Y tiemblo donde estoy.
Tranquilo espero el día de la angustia,
Al pueblo que se levantará para invadirnos.
17 Aunque la higuera no eche brotes,
Ni haya fruto en las viñas;
Aunque falte el producto del olivo,
Y los campos no produzcan alimento;
Aunque falten las ovejas del redil,
Y no haya vacas en los establos,
18 Con todo yo me alegraré en el SEÑOR,
Me regocijaré en el Dios de mi salvación.
19 El Señor DIOS es mi fortaleza;
El ha hecho mis pies como los de las ciervas,
Y por las alturas me hace caminar.
Para el director del coro, con mis instrumentos de cuerda.

Tomando en cuenta los primeros y últimos versículos, ¿Qué sabemos acerca del tipo de literatura en que está escrito este pasaje?

POESÍA HEBREA

¿Cómo respondió inicialmente Habacuc a Dios y qué le pidió en el 3:2?

Observe el inicio del verso 3, "Dios viene". ¿Cómo describe poéticamente Habacuc la venida de Dios en los siguientes versículos (3-15)?

Lea Apocalipsis 19:11-16. ¿Qué similitudes ve entre Habacuc 3 y la venida de Cristo en Apocalipsis 19?

¿Qué caracterizaría la respuesta de Habacuc en el verso 16? Parafrasee su respuesta con sus propias palabras.

En la declaración de fe de Habacuc; ¿Cómo describe la significativas dificultades especialmente para una sociedad agraria? En la actualidad, ¿Qué podría ser paralelo a las descripciones del versículo 17?

¿Qué declaró Habacuc en los versículos 18-19? ¿Cómo describió a Dios y qué hizo Dios?

B Busca otras fuentes: *¿Qué dicen otras personas sabias?*

Lea el capítulo 4 o vea la presentación en video de este capítulo en inglés. Puede acceder el material en BruceBMiller.com. En la medida en que tenga tiempo y pueda, lea la sección correspondiente de uno de los estudios recomendados. También puede ver los recursos disponibles en Bible.org.

Dios, ¡te adoramos!
Habacuc 3: 1-19

El punto principal de Habacuc está en el último versículo al que nos referiremos mientras analizamos la sección final del libro.

Habacuc

Capítulo 1a 1:1-11	Capítulo 1b 1:12–2:5	Capítulo 2 2:6–20	Capítulo 3 3:1–19
Observación	Espera	Advertencia	Adoración
Preguntas	Fe	Cinco lamentaciones	Canto de alabanza

Habacuc 3: 1-19

Oración del profeta Habacuc. Según sigionot.

2 *SEÑOR, he sabido de tu fama;*
tus obras, SEÑOR, me dejan pasmado.
Realízalas de nuevo en nuestros días,
dalas a conocer en nuestro tiempo;
en tu ira, ten presente tu misericordia.
3 *De Temán viene Dios,*
del monte de Parán viene el Santo.
Su gloria cubre el cielo
y su alabanza llena la tierra.
4 *Su brillantez es la del relámpago;*
rayos brotan de sus manos;

¡tras ellos se esconde su poder!

5 Una plaga mortal lo precede,

un fuego abrasador le sigue los pasos.

6 Se detiene, y la tierra se estremece;

lanza una mirada, y las naciones tiemblan.

Se desmoronan las antiguas montañas

y se desploman las viejas colinas,

pero los caminos de Dios son eternos.

7 He visto afligidos los campamentos de Cusán,

y angustiadas las moradas de Madián.

8 ¿Te enojaste, oh SEÑOR, con los ríos?

¿Estuviste airado contra las corrientes?

¿Tan enfurecido estabas contra el mar

que cabalgaste en tus caballos

y montaste en tus carros victoriosos?

9 Descubriste tu arco,

llenaste de flechas tu aljaba.

Tus ríos surcan la tierra;

10 las montañas te ven y se retuercen.

Pasan los torrentes de agua,

y ruge el abismo, levantando sus manos.

11 El sol y la luna se detienen en el cielo

por el fulgor de tus veloces flechas,

por el deslumbrante brillo de tu lanza.

12 Indignado, marchas sobre la tierra;

lleno de ira, trillas a las naciones.

13 Saliste a liberar a tu pueblo,

saliste a salvar a tu ungido.

Aplastaste al rey de la perversa dinastía,

¡lo desnudaste de pies a cabeza!

[14] Con tu lanza les partiste la cabeza a sus guerreros,
que enfurecidos querían dispersarme,
que con placer arrogante se lanzaron contra mí,
como quien se lanza contra un pobre indefenso.
[15] Pisoteaste el mar con tus corceles,
agitando las inmensas aguas.
[16] Al oírlo, se estremecieron mis entrañas;
a su voz, me temblaron los labios;
la carcoma me caló en los huesos,
y se me aflojaron las piernas.
Pero yo espero con paciencia
el día en que la calamidad
vendrá sobre la nación que nos invade.
[17] Aunque la higuera no dé renuevos,
ni haya frutos en las vides;
aunque falle la cosecha del olivo,
y los campos no produzcan alimentos;
aunque en el aprisco no haya ovejas,
ni ganado alguno en los establos;
[18] aun así, yo me regocijaré en el SEÑOR,
¡me alegraré en Dios, mi libertador!
[19] El SEÑOR omnipotente es mi fuerza;
da a mis pies la ligereza de una gacela
y me hace caminar por las alturas.

Al director musical. Sobre instrumentos de cuerda.

Nuestro encuentro con Dios en Habacuc transforma nuestra confusión en confianza. Cuando enfrentamos el sufrimiento, confiamos en el Señor que un día llenará la tierra con su gloria.

En los dos primeros capítulos, Habacuc se fijó en los problemas de la vida; en el capítulo 3, se centra en la persona de Dios. Aunque el libro de Habacuc comenzó con un signo de interrogación, termina con un signo de exclamación. El profeta comenzó con frustrante duda, pero terminó con una fe triunfante. Cuando comenzamos este libro, le invité a considerar las preguntas que desea hacer a Dios. A medida que concluimos, vea si ha tenido algún progreso.

Los eruditos hebreos consideran a Habacuc 3 como uno de los mejores ejemplos de la poesía hebrea. Desde el primer verso, vemos que el capítulo es una oración. En la última línea, vemos que se trata de una canción con música. Lo más probable es que fuera diseñado para la adoración pública. En el capítulo 3, verá la palabra *selah* tres veces. Aunque no estamos seguros de lo que significa, parece funcionar como una nota musical.

El capítulo 3 es una oración poética con música, un himno que declara que Dios viene. Esta canción desarrolla el tema del libro en el 2:4, que el justo vivirá por la fe y la fidelidad. Habacuc combina alusiones históricas y fenómenos naturales para hacer que veamos y escuchemos con nuestra imaginación la venida de Dios como el guerrero divino que juzga y libera. Como divino guerrero, derrota a sus enemigos y sacude la tierra. Mientras se introduce a Habacuc 3, prepárese para un elevado lenguaje poético que dibuja un cuadro más allá de nuestra capacidad para comprender plenamente la venida de Dios.

¿Cuál es el punto de Habacuc 3? Regocijarse en el Señor Dios todopoderoso quien juzgará a los impíos y librará a su pueblo, y que da fuerza hoy en día sin importar cuán difícil se vuelva la vida. Habacuc retiró su protesta contra Dios. Había ido más allá de su perplejidad intelectual hacia una profunda adoración. En lugar de darle consejos a Dios sobre cómo gobernar el universo, estaba impresionado por él. Sus preguntas acerca de la justicia se desvanecieron ante el encuentro con el mismo Dios. El capítulo comienza con una petición, después, describe la venida de Dios y termina con la respuesta de Habacuc. Veamos la petición. Habacuc le pidió a Dios que revele su poder con misericordia.

Petición: Que revelr su poder con misericordia

Versos 1–2

Observe el sorprendente contraste entre los dos primeros versículos del capítulo 1 y los dos primeros versículos del capítulo 3. Este es el inicio del capítulo 1:

Ésta es la profecía que el profeta Habacuc recibió en visión.

2 *¿Hasta cuándo, Señor, he de pedirte ayuda*
sin que tú me escuches?
¿Hasta cuándo he de quejarme de la violencia
sin que tú nos salves?

-Habacuc 1:1-2

Contraste esto con la posición que ahora toma en el capítulo 3:

Oración del profeta Habacuc. Según sigionot.

2 *Señor, he sabido de tu fama;*
tus obras, Señor, me dejan pasmado.
Realízalas de nuevo en nuestros días,
dalas a conocer en nuestro tiempo;
en tu ira, ten presente tu misericordia

-Habacuc 3:1-2

La necesidad de entender todo esto había desaparecido; había quedado atrás su propia preocupación por los problemas inmediatos. Habacuc reconoció que Dios es Dios, y él no lo era. Dios puede hacer lo que quiera y finalmente lo que hace, es mejor dentro del panorama general y a largo plazo. Habacuc simplemente pidió a Dios que revelara su poder, sus grandes obras, y que lo hiciera con misericordia. Esto es similar a orar, "Venga tu reino; hágase tu voluntad" (Mateo 6:10a, NVI). Su preocupación y problemas se habían trasladado de sí mismo a Dios y su voluntad.

Habacuc estaba impresionado por lo que había oído acerca de quién es Dios, lo que había hecho y lo que hará. La palabra hebrea para "asombro" incluye el aspecto del saludable temor en el sentido del temor del Señor. En medio del tumulto, Habacuc pidió a Dios que recordara tener compasión de su pueblo, lo cual por supuesto Dios siempre hace, pues lo prometió. En el versículo 3, Habacuc describe poéticamente la venida de Dios.

Dios viene a la tierra
Versos 3–15

El versículo 3 inicia con la línea, "De Temán viene Dios". Él está en la tierra. Manténgase sólo en las dos primeras palabras: "viene Dios". Considere quién es Dios. El Todopoderoso, glorioso, e incomparable Dios, El YO SOY. No hay nadie como él. Sólo hay un Dios. Él es el soberano. Continúe experimentando la venida de Dios a medida que avanzamos a través de los versos 3-15.

Con una mezcla de imágenes, Habacuc abre nuestros ojos y oídos para que experimentemos al Dios que viene al mezclar alusiones históricas, sus anteriores hechos poderosos y fenómenos naturales, tales como relámpagos, plagas y terremotos. Su venida es impresionante, aterradora y abrumadora, pero también es un motivo de alegría. Esto es una teofanía, una manifestación física de la presencia de Dios en la tierra.

El esplendor de Dios cubre los cielos y su gloria llena la tierra. Los cielos y la tierra juntos simbolizan el todo. El universo se llena con su presencia. Él es tan brillante como un rayo y tan resplandeciente como la salida del sol.

Recuerdo que una mañana, en Port Aransas, en la costa de Texas, mi esposa Tamara y yo, nos levantamos muy temprano para ver el amanecer. Nos sentamos en la playa cuando todavía estaba oscuro para ver cómo la luz empujaba a la oscuridad, aparecieron los primeros rayos y después una bola de fuego que se arrastraba sobre el horizonte. Pronto estábamos protegiéndonos los ojos y, finalmente, ya no podíamos mirar al sol con todo su esplendor. Es lo mismo con Dios.

Como un guerrero poderoso, sostiene los rayos en sus manos, haciendo gala de su gran poder para aplastar a sus enemigos. Mientras toma su posición de batalla, sacude la tierra y con una simple mirada aterra a las naciones. ¿Qué le parecería enfrentar al Dios todopoderoso al otro lado del campo de batalla? Las antiguas montañas se desintegran y las primitivas colinas son aplastadas. Las montañas simbolizan estabilidad y permanencia.

Cuando voy a las Montañas Rocallosas, me hago consciente de lo pequeño que soy, me impresiona la masividad de las montañas. Pero éstas se rinden ante la venida del Dios que las hizo.

En el versículo 8, Habacuc pasa a asuntos personales. Con sus alusiones históricas al Éxodo, al Monte Sinaí y la conquista de Canaán, Habacuc describe a Dios como un guerrero en sus victoriosos carros con su arco listo para la acción. Las corrientes cubrieron la tierra, las montañas temblaron y las tormentas cayeron mientras el gran abismo rugía. La tierra, el agua y el cielo clamaban y sirvieron a Dios como armas en sus manos ya que Él es el Creador-Guerrero. El sol y la luna se detuvieron mientras el destello de las flechas de Dios los eclipsaba, cuando la deslumbrante luz de su relampagueante lanza brillaba. Pisó firmemente y con furia la tierra y aplastó a las naciones.

En el versículo 13, vemos que su juicio logra nuestra liberación. Dios salió a liberar a su pueblo, a sus siervos especiales. Atacó al líder de la nación malvada que representa a todos los malvados tiranos, incluyendo en última instancia, al Anticristo y al diablo. Nuestro guerrero divino, Dios omnipotente, es el vencedor mientras perfora las cabezas de los guerreros enemigos y pisotea el mar con sus caballos en las crecientes y embravecidas aguas. Así como Dios ha luchado por su pueblo antes, lo hará de nuevo una vez y para siempre.

Esta oración-canción recuerda lo que Dios ha hecho y anticipa lo que va a hacer. La dramática venida de Dios elimina la peligrosa ilusión de que está despreocupado o no le importa. No nos atrevamos a suponer que Dios no está consciente de lo que está sucediendo en nuestras vidas y en nuestro mundo. Debemos vivir listos para su regreso en todo momento. Así como Dios liberó a su pueblo de Faraón y los egipcios, y más tarde de los asirios y los babilonios también, así nos librará de Satanás y de la muerte misma. Recordar lo que Dios ha hecho en el pasado nos ancla en el presente para esperar fielmente su venida en el futuro. ¿Cómo respondió Habacuc a esta abrumadora visión de la venida de Dios?

Respuesta de Habacuc

Veamos el informe de la respuesta de Habacuc.

Al oírlo, se estremecieron mis entrañas;
a su voz, me temblaron los labios;
la carcoma me caló en los huesos,
y se me aflojaron las piernas.
Pero yo espero con paciencia
el día en que la calamidad
vendrá sobre la nación que nos invade.

-Habacuc 3:16

No podemos encontrarnos con el Dios vivo con ligereza. Habacuc estaba siendo sacudido y nosotros también seríamos sacudidos. La venida de Dios es a la vez aterradora, abrumadora y tranquilizadora mientras Él juzga y libera. Habacuc anhelaba la venida del Señor; la justicia final; la victoria de Dios sobre sus enemigos.

Para Babilonia, ésta llegó rápidamente. Su imperio tuvo una corta duración, sólo 87 años. En el 559 a.C., los medos y los persas se hicieron cargo de Babilonia (se hace referencia en Daniel 5) con la escritura en la pared bajo el reinado del rey Belsasar. Estaban acabados.

Todos los imperios humanos serán de corta duración. El mal está desbocado ahora, pero un día terminará. Podemos vivir hoy por fe sabiendo lo que traerá el mañana. Dios está viniendo.

En el 3:17, Habacuc enfrentaba con honestidad circunstancias muy difíciles. La principal economía de Judá era agraria. Por lo tanto, cuando menciona higueras, uvas, olivos, campos, ovejas y ganado, está describiendo su fuente de alimentos y su economía. Esto incluía artículos de primera necesidad como la leche y la carne. Habacuc aceptó la escasez como consecuencia del pecado de su nación y del de las otras. Dios advirtió que esto sucedería si se apartaban de él. La escasez y el sufrimiento nos muestran nuestra necesidad de Dios. Nuestra alegría interior no depende de la prosperidad exterior. La bendición de Dios no se mide por la riqueza material (Efesios 1:2-4; Filipenses 4:11-13).

Mientras esperamos fielmente durante las difíciles circunstancias, podemos regocijarnos por causa del Señor. Lea estos maravillosos versos:

18 aun así, yo me regocijaré en el SEÑOR,
¡me alegraré en Dios, mi libertador!
19 El SEÑOR omnipotente es mi fuerza;
da a mis pies la ligereza de una gacela
y me hace caminar por las alturas.
Al director musical. Sobre instrumentos de cuerda.

-Habacuc 3: 18-19

El quejumbroso profeta se transformó en el regocijado profeta. Incluso en las circunstancias más terribles, Habacuc dijo: "Me regocijaré en el Señor".

Regocijarse en el Señor

Habacuc no minimizó las dificultades o el dolor como si accidentalmente se derramara un vaso de leche. No cerró los ojos y se desvanecieron las circunstancias, ni trató de ver solamente el lado bueno. Esto no era simplemente resignarse a su destino, tampoco estaba tratando de sonreír y aguantar. Fuera de su confianza incondicional en Dios, se regocijó en el Señor. Él sabía que Dios es el Señor. Él está en su trono. A Dios le importa. Él cumplirá su palabra.

Un día, el mal será finalmente resuelto; todo será justo. Dios salvará a los suyos. Este gozo no es una felicidad superficial o tener una personalidad alegre que simplemente poner una cara feliz. Este es un pozo profundo de gozo que proviene de un corazón centrado en Dios. Es sobrenatural. Está cimentado y surge de una relación personal con el Dios vivo de quien nadie nos podrá arrebatar.

El Nuevo Testamento dice que podemos considerar gozo puro cuando nos encontramos en pruebas (Santiago 1). A pesar de las grandes dificultades, podemos regocijarnos grandemente debido a la alabanza, gloria y honor que vendrán, cuando Jesús regrese (1 Pedro 1). Habacuc mencionó tres poderosas verdades acerca del Señor. En primer lugar, podemos regocijarnos en el Señor quien nos libera.

Quien nos libera

La venida de Dios es descrita como un sacudimiento de la tierra. Dios vino a la tierra en la encarnación, cuando Jesús se hizo humano. En la cruz, vemos el juicio y la salvación unidas en un solo acto, y a través de la muerte de Jesús, la muerte murió. Un gran sufrimiento trajo una gran liberación.

Al final de la historia, Jesucristo regresará como el Rey de Reyes con una espada y pisoteará a las naciones en su justa ira (Apocalipsis 19). Su juicio traerá salvación a su pueblo, liberándonos de una vez y para siempre del diablo y del mal. No habrá más muerte. Dios juzga por amor a su pueblo y a su nombre. Cuando Jesús murió en la cruz, la tierra tembló y la oscuridad cubrió el cielo. Dios nos libera a través del sacrificio de su Hijo. Así que podemos encontrar gozo el día de hoy por confiar en Jesucristo.

Dios promete liberarnos cuando confiamos en Jesucristo como Salvador. Después, usted es salvo. A continuación, puede conocer un profundo gozo en medio de una gran tragedia y puede anticipar el gozo final que viene para usted. Si nunca lo ha hecho, le invito a confiar en Jesucristo. Comparta su decisión con alguien más. No sólo nos libera el Señor, sino que también es aquel que es nuestra fuerza.

Quien es nuestra fuerza

Esta línea al comienzo del 3:19 es la pieza central de la declaración de Habacuc: "El Señor omnipotente es mi fuerza". Esta afirmación se encuentra en gran contraste con el 1:11 donde leemos que para los babilonios, su dios era su propia fuerza. En unos cuantos años, fueron destruidos por los persas.

Dentro de un tiempo, vamos a reinar para siempre con el Dios todopoderoso que es nuestra fuerza.

No nos atrevamos a buscar fuerza en nosotros mismos, sobre todo en momentos realmente difíciles, cuando no hay uvas en las viñas y los campos no dan cosechas. Habacuc tenía muchas razones para no alegrarse, pero sabía que no importa cuánto se estropeara la vida, Dios es nuestra fuente de gozo y fuerza. Nehemías dijo: "El gozo del Señor es nuestra fortaleza" (Nehemías 8:10, NVI). El apóstol Pablo declaró que sin importar cuáles fueran las circunstancias, ya sea en necesidad o en abundancia, bien alimentados o con hambre, él estaba contento porque podía hacer todas las cosas a través de Aquel que le daba la fuerza, el Señor Dios

(Filipenses 4:11- 13). El Señor no sólo nos libera y es nuestra fuerza, sino que nos permite caminar por las alturas.

Caminar por las alturas

Las poéticas imágenes sobre un ciervo describen la fortaleza, seguridad al caminar, belleza y velocidad, al ir saltando sobre un terreno accidentado con gozo. El Señor nos da fuerza para transitar sobre terrenos accidentados como un ciervo. La persona de fe, con la fuerza de Dios, puede regocijarse en el Señor quien nos libera y nos permite andar por el terreno accidentado de la vida. El apóstol Pablo y su compañero, Silas, estando en una oscura, fétida y desagradable celda de una prisión romana, alabaron gozosos a Dios (Hechos 16:25).

Esta es una realidad sobrenatural que está a disposición de los hijos de Dios a través del poder de su Espíritu. Recuerde sus preguntas y frustraciones, sus problemas con Dios. A pesar de que sus circunstancias no cambien, cuando el Dios Todopoderoso, el guerrero-Salvador es su fuerza, usted puede manejar con gozo las peores tragedias y pruebas en la vida. Habacuc comenzó en las fosas pero terminó en la cima de las montañas, a pesar de que sus circunstancias no habían cambiado en absoluto.

Aunque Dios no suele responder a nuestras preguntas, porque no entenderíamos las respuestas, sí satisface nuestras almas. Él está con nosotros y nos da todo lo que necesitamos para hoy, mientras nos asegura que viene a juzgar al mundo y rescatar a su pueblo. A pesar de que nuestras circunstancias a menudo no cambian, el capítulo 3 nos enseña que podemos regocijarnos en el Señor Dios de los ejércitos quien juzgará a los impíos y liberará a su pueblo y quien da fuerza hoy en día no importa cuán difícil se vuelva la vida.

Un libro que comienza con queja y angustia termina con gozo. Habacuc dejó sus propias preferencias y perspectivas por el mismo Dios. El ansioso profeta se convirtió en el profeta adorador. Habacuc dejó de quejarse para glorificar. Dejó de gemir sobre sus problemas y comenzó a cantar alabanzas Dios. Su confusión se transformó en confianza. ¿Cómo lo ha cambiado Dios a usted al estudiar el libro de Habacuc?

En este tiempo de confusión entre la resurrección y su regreso, donde el mal todavía corre rampante y ocurren terribles sufrimientos, nos regocijamos en el Señor quien nos libera, quien es nuestra fuerza y nos permite transitar por el terreno accidentado. Dios nos dice que el justo vivirá por la fe y la fidelidad, mientras que los malos cosecharán lo que sembraron. Dios corregirá todas las cosas.

Hasta ese momento, esperamos fielmente la venida del Señor. Nos regocijamos en el Señor. Quien gobierna la tierra es el Señor de los ejércitos, no Babilonia. Dios llenará la tierra con su brillante gloria. Dios no está comprometido principalmente con nuestra prosperidad en esta tierra. Se interesa por nuestra fidelidad hacia él.

Habacuc nos muestra que podemos ir a Dios con nuestras preguntas más difíciles. En un mundo sacudido, podemos confiar en el carácter inamovible de Dios. La respuesta final a nuestro clamor de "¡¿Por qué ?!" es el eterno "¡¿Quién?!" Cuando nuestras vidas se sacuden como una hoja en la tormenta, confiamos en Aquel que es inquebrantable. Lea de nuevo el famoso final de Habacuc con el que cerramos cada capítulo:

17 *Aunque la higuera no dé renuevos,*
ni haya frutos en las vides;
aunque falle la cosecha del olivo,
y los campos no produzcan alimentos;
aunque en el aprisco no haya ovejas,
ni ganado alguno en los establos;
18 *aun así, yo me regocijaré en el Señor,*
¡me alegraré en Dios, mi libertador!

19 *El SEÑOR omnipotente es mi fuerza;*

da a mis pies la ligereza de una gacela

y me hace caminar por las alturas.

Al director musical. Sobre instrumentos de cuerda.

-Habacuc 3:17-19

Incorpora tu propia respuesta *¿Qué pienso yo?*

En esencia, ¿Qué nos está diciendo este texto? ¿Cuál es el punto principal del pasaje? Escriba una declaración de una sola frase sobre el punto principal.

CONFIAR EN EL SEÑOR

¿Qué podría representar para usted actualmente "las alturas", podría ser algo análogo a lo que Habacuc describe en el versículo 17? Cuando enfrenta circunstancias difíciles, ¿cómo podría alegrarse en Dios y tener pies ligeros como de gacela?

CONFIADA DE QUE EL TIENE EL CONTROL NO YO

Inicialmente, ¿En qué forma cree que el Espíritu de Dios lo está moviendo a responder a este pasaje? Usted refinará su respuesta cuando llegue a la sección "Sé obediente".

O Opina junto con otros: *¿Qué pensamos juntos?*

1. ¿En qué se ha identificado con Habacuc a lo largo de nuestro estudio de este libro?

2. ¿Qué contrastes ve entre Habacuc 1:1-2 y 3:1-2? ¿Cómo describiría la transformación de Habacuc?

3. ¿Qué pidió Habacuc en 3:1-2? ¿Cómo podemos hacer una petición similar en la actualidad a la luz de la venida de Jesús y su regreso?

4. Al reflexionar sobre la venida de Dios descrita en 3:3-15, ¿Qué imágenes son más convincentes para usted? ¿Cómo se siente al leer el texto?

5. ¿Cómo responde Habacuc en el 3:16? ¿Por qué cree que se sentía de esa manera?

6. Lea la declaración final de Habacuc en los versículos 17-19. ¿Cómo pudo regocijarse al enfrentar las realidades del verso 17? ¿Qué hizo Dios por él y por nosotros? ¿En qué podría ser semejante su fe a la de Habacuc al enfrentar sus luchas?

7. ¿En qué ha avanzado para entender a Dios y las dificultades de esta vida a través de nuestro estudio de Habacuc? ¿Qué le ha enseñado Dios? ¿Qué se queda guardado en su corazón?

S **Se obediente** *¿Qué voy a hacer?*

Al reflexionar sobre su estudio de Habacuc 3:1-19, ¿cómo va a ponerlo en acción? ¿Cómo cree que Dios quiere transformarlo a través de este texto?

Estudios recomendados

Al preparar este libro, consulté los siguientes comentarios y estudios bíblicos sobre Habacuc:

Francis I. Andersen, *Habakkuk, The Anchor Bible*, vol. 25 (New York: Doubleday, 2001).

De vanguardia, técnico, y el más extenso trabajo sobre Habacuc.

Ronald J. Blue, *Habakkuk, The Bible Knowledge Commentary: An Exposition of the Scriptures*, editado por J. F. Walvoord y R. B. Zuck. (Wheaton, IL: Victor Books, 1985).

Un pequeño comentario útil con memorables formas de comunicación.

Richard D. Patterson, *Nahum, Habakkuk, Zephaniah* (Dallas: Biblical Studies Press, 2003).

Avanzado, recomendable; buenas notas técnicas para estudiantes avanzados y buenos resúmenes para los que quieres estudiar seriamente la Biblia.

Kenneth L. Barker, *Micah, Nahum, Habakkuk, Zephaniah, The New American Commentary*, vol. 20 (Nashville: Broadman y Holman, 1999).

Excelente comentario evangélico.

Walter Kaiser, *Micah, Nahum, Habakkuk, Zephaniah, Haggai, Zechariah, Malachi, Mastering the Old Testament,* vol. 21 (Dallas, Londres, Vancouver, Melbourne: Word Publishing, 1992).

Una obra popular sustentada por la fina erudición del muy respetado Walter Kaiser.

James Brucker, *Jonah, Nahum, Habakkuk, Zephaniah: The New Application Commentary* (Grand Rapids: Zondervan, 2004).

Destacada obra que combina la actual erudición con la aplicación práctica para cruzar el puente desde ese entonces hasta ahora.

Mária Eszenyei Széles, *Wrath and Mercy: A Commentary on the Books of Habakkuk and Zephaniah* (Grand Rapids: Eerdmans, 1987).

Szeles ofrece penetrantes puntos de vista teológicos e ideas prácticas que a menudo los demás pasan por alto.

David W. Baker, *Nahum, Habakkuk, Zephaniah: An Introduction and Commentary* (Leicester, Inglaterra; Downers Grove, IL: InterVarsity Press, 1988).

Un buen estudio básico.

O. Palmer Robertson, *The Books of Nahum, Habakkuk, and Zephaniah: The New International Commentary of the Old Testament* (Grand Rapids: Eerdmans, 1990).

Un sólido estudio.

Thomas Edward McComiskey, *The Minor Prophets: An Exegetical and Expository Commentary,* vol. 2, *Obadiah, Jonah, Micah, Nahum, and Habakkuk* (Grand Rapids: Baker Books, 1993).

Es una combinación de estudios técnicos y avanzados con conocimientos medios.

Robert B. Chisholm Jr., *Handbook on the Prophets: Isaiah, Jeremiah, Lamentations, Ezekiel, Daniel, Minor Prophets* (Grand Rapids: Baker, Académico, 2009).

Este libro hace un trabajo excepcionalmente bueno al resumir las enseñanzas de los profetas del Antiguo Testamento libro por libro y al mismo tiempo hace frente a los asuntos cruciales. Dirigido para un nivel universitario. Muy recomendable.

Por tanto, al Rey eterno (de los siglos), inmortal, invisible, único Dios, a El sea honor y gloria por los siglos de los siglos. Amén.

1 Timoteo 1:17, NBLH

Sobre el Autor

BRUCE B. MILLER

Dios ha dado a Bruce el privilegio de servir a Tamara como su esposo, y a sus cinco hijos como padre. También ha sido bendecido con sus nietos. Dios usó a Bruce para plantar la Iglesia Christ Fellowship en McKinney, Texas, donde actualmente se desempeña como pastor principal (CFhome.org). En su tiempo libre, le encanta pasar tiempo con Tamara, jugar raquetbol, usar la sierra motorizada y sentarse junto a una chimenea con su perro labrador, Calvin.

Su pasión por el desarrollo de liderazgo lo condujo a publicar su primer libro, *El Bastón de Mando del Liderazgo*, escrito junto con Jeff Jones y Rowland Forman. El deseo que tiene Bruce para ver que la gente viva más feliz con una vida plena provocó que escribiera *Tu vida en ritmo*, precursor de *Tu Iglesia en ritmo* en el que aplica los conceptos de la vida rítmica a las iglesias locales (brucebmiller.com).

Bruce desarrolló el innovador proceso de seis pasos SABIOS © que sirve como motor de aprendizaje en las guías de estudio para sus libros *Gran Dios en un mundo caótico: un estudio de Daniel*, y *Sacudido: Cuando Dios no tiene sentido-Un Estudio de Habacuc. Sexualidad-Abordando temas controversiales con Gracia, Verdad y Esperanza; Boda del Mismo Sexo-¿Debería Asistir?*

Bruce se graduó de la Universidad de Texas en Austin, con una licenciatura en el Programa de Artes Liberales ('82); recibió una maestría en Teología del Seminario Teológico de Dallas ('86); e hizo su trabajo doctoral en la Universidad de Texas en Dallas, en Historia de las Ideas (centrándose en hermenéutica filosófica, Hans-Georg Gadamer y posmodernismo). Enseñó teología durante cuatro años en el Seminario Teológico de Dallas.

Bruce es conferencista y consultor en todo el mundo. Fundó los Centros de Entrenamiento en Base a la Iglesia y se desempeñó como Presidente de la Junta directiva durante 12 años (ccbt.org).

Puede seguir a Bruce en:

Twitter (http://twitter.com/Bruce_B_Miller)

Facebook (https://www.facebook.com/BruceBMillerAuthor)

Blog (BruceBMiller.com)

NOTAS

1. Ronald J. Blue, *Habakkuk, The Bible Knowledge Commentary: An Exposition of the Scriptures*, edited by J. F. Walvoord and R. B. Zuck (Wheaton, IL: Victor Books, 1985).

2. Walter Kaiser, *Mastering the Old Testament*, Vol. 21: *Micah, Nahum, Habakkuk, Zephaniah, Haggai, Zechariah, Malachi* (Dallas, Londres, Vancouver, Melbourne: Word Publishing, 1992), 153.

3. O. Palmer Robertson, *The Books of Nahum, Habakkuk, and Zephaniah: The New International Commentary of the Old Testament* (Grand Rapids: Eerdmans, 1990), 152.

4. James Brucker, *Jonah, Nahum, Habakkuk, Zephaniah: The New Application Commentary* (Grand Rapids: Zondervan, 2004), 221.

5. Brucker, *Jonah, Nahum, Habakkuk, Zephaniah*, 218.

6. Robertson, *The Books of Nahum, Habakkuk, and Zephaniah*, 162.

7. Kaiser, *Mastering the Old Testament*, 162.

8. Richard Whitaker et al, *The Abridged Brown-Driver-Briggs Hebrew-English Lexicon of the Old Testament: From A Hebrew and English Lexicon of the Old Testament* by Francis Brown, S.R. Driver and Charles Briggs, Based on the *Lexicon of Wilhelm Gesenius* (Boston; New York: Houghton, Mifflin, 1906), Reference BDB 53.1 Logos.

9. Brucker, *Jonah, Nahum, Habakkuk, Zephaniah*, 236.

10. Robert B. Chisholm Jr., *Handbook on the Prophets: Isaiah, Jeremiah, Lamentations, Ezekiel, Daniel, Minor Prophets* (Grand Rapids: Baker Academic, 2009), 438.

11. Brucker, *Jonah, Nahum, Habakkuk, Zephaniah*, 236.

12. Brucker, *Jonah, Nahum, Habakkuk, Zephaniah*, 240.

13. Chisholm, *Handbook on the Prophets*, 438.

14. Mária Eszenyei Széles, *Wrath and Mercy: A Commentary on the Books of Habakkuk and Zephaniah* (Grand Rapids: Eerdmans, 1987), de 35 años.

15. Brucker, *Jonah, Nahum, Habakkuk, Zephaniah*, 233-234.

Entrust Source Publishers.com

Entrust Source Publishers es el ministerio de publicaciones internacional enfocado en animar a la iglesia local para llevar a todos a la madurez y muchos al liderazgo a través de una vía intencional. Entrust está comprometida en asociarse con las iglesias locales para proveerles de recursos basados en la Biblia, que sean culturalmente relevantes y muy prácticos para ayudar a los individuos y grupos en la iglesia local a madurar en Cristo. La mayor parte de nuestros recursos están disponibles en español, así como en inglés.

Otros Libros de Bruce B. Miller

Dios Grande en un Mundo Caótico
Un estudio de Daniel

Sexualidad
Abordando los Temas Controversiales
con Gracia, Verdad y Esperanza

Matrimonios del Mismo Sexo
Un firme llamado a la Iglesia
en Respuesta a la Decisión de la Suprema Corte

Boda entre personas del mismo sexo
¿Debería asistir?

Su Vida en Ritmo
Su Vida en Ritmo Guía de Estudio

El Bastón de Mando del Liderazgo
El Bastón de Mando del Liderazgo Guía de Estudio
(Escrito con Rowland Forman y Jeff Jones)

Para obtener más información acerca de estos libros visite:

EntrustSourcePublishers.com

JUNIO 14

$ 130

23 YARDA IGLESIA

SUMBOKOI